凤凰枝文丛

孟彦弘　朱玉麒　主编

简牍楼札记

张德芳　著

凤凰出版社

图书在版编目（ＣＩＰ）数据

简牍楼札记 / 张德芳著. -- 南京 ： 凤凰出版社，
2022.5
（凤凰枝文丛 / 孟彦弘，朱玉麒主编）
ISBN 978-7-5506-3576-0

Ⅰ. ①简… Ⅱ. ①张… Ⅲ. ①中国历史－秦汉时代－
文集②简(考古)－中国－秦汉时代－文集 Ⅳ.
①K232.07-53②K877.54-53

中国版本图书馆CIP数据核字(2022)第025125号

书　　　　名	简牍楼札记
著　　　者	张德芳
责 任 编 辑	张永堃
特 约 编 辑	孙思贤
书 籍 设 计	徐　慧
出 版 发 行	凤凰出版社(原江苏古籍出版社)
	发行部电话025-83223462
出版社地址	江苏省南京市中央路165号,邮编:210009
照　　　排	江苏凤凰制版有限公司
印　　　刷	苏州市越洋印刷有限公司
	江苏省苏州市吴中区南官渡路20号　邮编:215104
开　　　本	880毫米×1230毫米　1/32
印　　　张	10.125
字　　　数	203千字
版　　　次	2022年5月第1版
印　　　次	2022年5月第1次印刷
标 准 书 号	ISBN 978-7-5506-3576-0
定　　　价	68.00元

(本书凡印装错误可向承印厂调换,电话:0512-68180638)

张德芳

张德芳，1955年生，甘肃永昌人。毕业于兰州大学历史系。现为甘肃简牍博物馆研究员、甘肃省政府参事、陕西师范大学人文社会科学高等研究院特聘研究员、西北师范大学特聘教授、博士生导师。先后在甘肃省社会科学院历史研究所、甘肃省文物考古研究所、甘肃简牍博物馆工作。兼任中国敦煌吐鲁番学会理事、甘肃省敦煌学会副会长、中国秦汉史研究会理事、甘肃省历史学会常务副会长等。主持整理出版《肩水金关汉简》《地湾汉简》《玉门关汉简》《悬泉汉简（壹）》《天水放马滩秦简集释》《敦煌马圈湾汉简集释》《居延新简集释》《武威汉简集释》等，参与完成《中国简牍集成》。撰有《敦煌悬泉汉简释粹》《悬泉汉简研究》等多部专著及论文160多篇。

弁　言

"凤凰台上凤凰游"，是李白《登金陵凤凰台》之诗句，昔年我江苏古籍出版社立足南京、弘扬文史，而更名所由也。

"碧梧栖老凤凰枝"，是杜甫《秋兴八首》所吟咏，今日我凤凰出版社为学林添设新枝，而命名所自也。

30多年来，凤凰出版社围绕中华传统优秀文化，彰显传承文明、传播文化、服务大众、贡献学术的出版理念，坚持以整理出版中国文、史、哲古籍及其研究著作为主的专业化方向，蒙学界旧雨新知之厚爱、扶持，渐已长大成为"碧梧"，招引了学界"凤凰"翩然来栖。箫韶九成，凤翿凰翔！嘤其鸣矣，求其友声！

"凤凰枝文丛"是本社与学界同人共同打造之文史园地，除学术研究论文外，举凡学人往事、经典品评、学术札记之文化随笔，旧学新知，无所不包。是作者出诸性情而诗意栖息之地，读者信手撷取而涵泳徜徉之处。

"凤凰鸣矣，于彼高冈。梧桐生矣，于彼朝阳。"

愿"凤凰枝文丛"成为我们共同的文化家园。

2019.5.22

引言

　　1993 年，我从已经工作了 15 年的省社会科学院历史研究所调到了文物考古研究所。虽然业务相近，但它们实际属于两个不同的系统。光阴似箭，岁月如梭，转眼间过了 29 个年头。记得当时，桌子上放了两份商调函，一份是省政府体改委（后改称发改委），一份是考古研究所。经过一个多月的纠结思考，最终选择了后者。当时的想法很简单：甘肃能够独具优势的学科，一是敦煌学，二是简牍学。敦煌学在 1978 年以后一发而不可收拾，实际上已成海内外追捧的热门。而简牍学则比较冷清，尤其是作为简牍大省的甘肃，几乎还有 80% 的出土汉简没有整理发表，因此从某种意义上说，很多领域还是一片尚未开垦的处女地。选择来到了考古所，实际就是选择了后半生的人生道路，选择了同这些"竹片木屑"打交道的日常生活。

　　书中收录的这些文字，就是这些年来整理研究汉简的点滴记录。其中我所在的单位名称一变再变，从考古研究所简牍整理室到2007年成立的甘肃简牍保护研究中心，再到2012年成立的甘肃简牍博物馆。与此同时，我个人的身份虽一再发生变化，但我所从事的工作始终如一，一直围绕着甘肃简牍的整理研究、出版发表，吸引了很多海内外学者关注西北汉简并在学术研究方面形成相应的优势和更大的气候。

起初，我们在参加各类国内外相关学术会议时，经常会听到来自各方面的抱怨。一是关乎水平问题，认为整理水平低，又不愿别人染指，致使新出汉简几十年不见天日，影响了学术研究的正常利用。二是关乎品质问题，认为我们垄断资料，迟迟不愿公布，试图靠独占资料取得自己的学术成就。所有这些，使身处其中的笔者深感耻辱，又百口莫辩。唯一能够回答上述质疑的举措就是少说多做、扎扎实实、夜以继日、整理出版，把所有的出土简牍尽快、全数公布发表，使社会各界充分利用。经过这些年的不懈努力，截至目前，所有甘肃出土的秦汉简牍已全部整理完毕，除《悬泉汉简》正在陆续出版，其他出土简牍已全数出版发表。不难相信，过去那种抱怨之声，自然也会适时而止。本书所谓"札记"者，并非有意为之，只是这个过程的平实记录。

所谓"简牍楼"者，其实就是一个半理想半现实的产物。说其半理想，是因为长期以来有"简"而无楼，甘肃的数万枚秦汉简牍并没有一个理想的保护和存放环境。只是到 2007 年"甘肃简牍保护研究中心"成立后，才在社会各界的呼吁下，在省委省政府及主管部门的支持下，以文物考古研究所和简牍保护研究中心的文物库房和办公楼的名义立项，建起了今天的办公大楼。要说"半现实"，此时已经有了"简牍楼"的影子。2012 年甘肃简牍博物馆成立，有"简"无"馆"又成了问题。直到 2017 年，唐仁健省长履甘，再加上主管领导的极力争取，简牍博物馆的建设才得以立项，目前正在紧张施工中的工程实体，使理想中的"简牍楼"又再次变成了现实。可见，几十年来，所谓"简牍楼"者，若有若无，若虚若实，并没有一个完整的形象，但这个过程中形成的文字，名之曰"简牍楼札记"，言之不虚也。

平时写的这些零星小文，从来没有要结集出版的想法。只是朱玉麒教授的美意，才使我改变了以往的懒散，收拾起这些不成系统的文字，纳入了孟彦弘、朱玉麒主编的"凤凰枝文丛"。特别感谢二位老朋友不弃，也感谢凤凰出版社的社长倪培翔先生，是出版社的抬爱，才有了这本小书。

张德芳

2021 年 5 月 28 日

于兰州简牍馆

目录

第一辑　前辈杂忆

斯人虽逝，德业常存

——怀念谢桂华先生

2006 年 6 月 12 日，我正在湖北郧阳参加中国敦煌吐鲁番学会举办的一个学术研讨会，突然接到邬文玲女士关于谢桂华先生逝世的电话，初为之愕然，继之则黯然，随之又不禁潸然。谢桂华先生是简牍学界的前辈，是国内外有影响的学者。我与谢先生相知相识已有十多年之久，尤其近年来，多有过从，情谊日笃。听到他身染重病的消息后，心里牵挂，时常为他担忧。一旦噩耗传来，则又倍感意外，深感悲痛。先生的音容笑貌不时浮现在眼前，同先生交往的一幕幕往事，像电影般清晰如昨，历历在目。

谢先生半生攻治汉简，其人生和学业同甘肃有着极为密切的关系。1972 年至 1974 年间，甘肃有关部门在额济纳旗和金塔县（当时，额济纳旗隶属甘肃省酒泉地区）调查发掘了近 2 万枚汉简，这是继 20 世纪 30 年代后又一次在居延地区的重大发现，与长沙马王堆汉墓帛书、山东银

2002 年 12 月 29 日笔者与简牍学界师友在家中相聚

雀山汉简的发现成为当时极为轰动的事件。从 1978 年起，国家文化部古文献研究室在唐长孺、张政烺等先生的主持下，统一组织人力对这三批出土文献分组进行集中整理，谢桂华先生从此即投入到了居延汉简的释读研究中。当时他年届不惑，正当壮年，此后一直到 2006 年逝世，在这二十八年里，始终耕耘在这片园地。谢桂华先生对简牍研究的执着与热爱，对甘肃历史的了解与熟悉，对河西走廊溢于言表的向往，都缘于此。他对甘肃这块土地及其民情、文化、历史和朋友、同事的浓情厚谊也缘于此。

认识谢桂华先生是在 1991 年 8 月的兰州会议上。当时，第一次国际简牍学学术研讨会在兰州召开，许多前辈学者、海内外名家云集兰州，何兹全、裘锡圭、林剑鸣、马先醒、日本的大庭脩等先生都来参加会议，可谓盛况空前。谢先生作为会议的组织者之一，既要参加会议的组织工作，又要主持分组讨论，忙前忙后，不亦乐乎。他清瘦干练，精力充沛，热情奔溢，为人谦和。他那滔滔不绝而又浓重的湖南口音给人留下了十分难忘的印象。后来多次接触才发现，先生并不完全是那种读死书、死读书的书呆子，他不仅醉心于简牍的研究，还关心政治时事，善于组织协调，一段时间还担任过社科院历史所的党支部书记！先生善饮，三杯过后，谈兴骤起，大凡学问、人生、政治、世情他都有很多真知灼见，能趁兴发表一系列对晚辈们具有指导意义的意见，性格之豪爽，于此可见。但他说话又极有分寸，尤其不谈论别人的是非长短。

居延新简的整理由甘肃省文物考古研究所、甘肃省博物馆、中国文物研究所、中国社会科学院历史研究所四家单位参加，集众人之手，经多年努力，终于完成了整理释读工作，原计划出版《居延新简——甲渠候官》和《居延新简——肩水金关》，前者为满足读者需要先于1990年7月由文物出版社出版了平装简字本，后又由中华书局于1994年12月出版了包括释文、图版在内的精装本，共收录甲渠候官、第四燧和后来采集的一些零星散简，共收录8420枚简。而后者即《居延新简——肩水金关》计划收录金关等地出土的一万零八百多枚简，但该书的出版由于种

1991 年 8 月 4 日，笔者同谢桂华先生在嘉峪关城楼

种原因未能如期进行。

1999 年夏，为了把此事推进一步，我们请谢先生和李均明先生再次来兰州对释文和原简进行校核。初释稿是当年的原稿，于豪亮先生的字迹，极为工整秀丽，蓝色墨水，钢笔竖写，一简一条，旁边时有后来批改的地方。纸色已微微发黄，边角处多有卷折残损的地方。时过境迁，睹物思人，不禁感慨系之。

校核工作进行了一个多月，是在兰州最热的七、八月进行的。当时骄阳似火，每天都是三十多度。楼板晒烫了，我们在顶楼的工作室里就像蒸笼一般。一起工作的除谢、李二先生外，还有初世宾、何双全、张俊民诸先生，加上我，还有几个学生，总共八九个人。大家穿着背心短裤仍大汗淋漓。每天要工作八九个小时。间有记者采访，居然对我们深表怜悯和同情，因为在他们看来，这可能是世界上最单调乏味的工作。可我们不以为然，有时为了一个字、一个符号，随时都有交流切磋甚至热烈的争论，有时谁开个玩笑，又引得大家哄堂大笑。一个多月闷热酷暑，谁都不以为苦，反倒乐在其中。工作结束了，如释重负，像是结束了一次了不起的经历。至今回忆起来，仍然是那样的愉快、亲切和令人怀念。我知道，先生是带着莫大的遗憾离开人世的，因为他没有看到《甲渠候官》的姊妹篇《肩水金关》的出版，他没有看到为之追求奋斗了后半生的整个事业最后能有个圆满的句号。可是，责任不在他。每次召开有关秦汉史的学术研讨会，他都在会上主动检讨，为居延新简的长期不能出版而承担责任，我等在场每每如坐针毡，深感汗颜。他是用这种方式敦促我们、批评我们。几次去北京开会见到他，他都语重心长地叮嘱，希望能够抓紧这项工作。2005 年 12 月我去北京，其时谢先生已身染重疾，而且到了后期。我曾专程去他在回龙观的寓所看望他，临走时，他拉着我的手还在说，他的一大心愿就是希望生前能看到金关汉简的出版。每想及此，无言以对。

除了居延新简的整理释读外，先生还参加了悬泉汉简释文的最后审定工作。悬泉汉简是 1990 年至 1992 年间在敦煌悬泉置遗址出土的。当时在一个汉晋时期的遗址上一共出土了三万五千多枚汉简，除一万两千多枚素简外，有字简有两万三千多枚，后经整理编号者有一万八千多枚。就这批汉简的数量、内容、价值和特色而言，它们在历次河西走廊发现的汉简中都是空前的，1991年被评为"全国十大考古发现"和"八五"期间"全国十大考古发现"。简文的释读整理工作从1993年开始，主要由甘肃考古所的同志承担。断断续续，时辍时作，历时十年，数易其稿。为了提高简文释读质量，最大限度地减少差错，2002年底，我们又请谢桂华、李均明和胡平生等诸位先生来兰州，对全部悬泉汉简的释文进行通读通校。韩国学者尹在硕先生当时在中国社会科学院历史所任访问学者，也随谢先生来兰州参加了这项工作。两个多月，跨了年，2003年的元旦就是一起在兰州度过的。参加校读的同志三四人一组，共分三个组，每组承担一部分。利用红外线设备，一边看实物，一边看释文，一简一简校读订正，一条一条进行修改。有问题有争议，三个组的同志立即聚首一处集中讨论，一些看似比较疑难的问题经过大家集思广益，很快就有了答案。2003年的第一天，我们薄酒一席共度元旦，大家围拢一起如同家人，那种友好、信赖和亲密的气氛至今让人难忘。谢先生多喝了几杯，话题仍然是简牍学的人才、未来，谈得相当兴奋，古人那种"每逢佳节倍思亲"的伤感大减。后来胡平生先生在一篇文章中谈及此次审校悬泉汉简的三点经验，其中一条这样写道：

一是班子的组建很有特色。审校班子包括北京的学者和甘肃的学者，两地的学者，都长期从事西北简牍的研究，具有较高的学术水平。从年龄看，老中青三代相结合，60岁以上3人，50—60岁3人，40—50岁3人，30—40岁1人，20—30岁1人。不同年龄与阅历的人思维方式与考虑问题的角度往往不同，在审校工作中能够开阔视野，很有帮助。从知识结构看，大家各有专精，便于优势互补。有的有较强的识辨简牍草书的能力，有的对边塞军事防务器具与资料很熟悉，有的对各类器物名称掌握较多，有的对简文内在的文例、词例和书写规律烂熟于心。这样一批人，就整体能力而言，可以当之无愧地说，无论是在全国范围内还是全世界范围内，都算是释读西北简牍能力最强的班子。经过这个班子"过滤"过的释文，虽然不能保证完全没有错误，但至少可以说，已经把错误降低到最低的程度。（见《长江流域出土简牍与研究》后记）

十多年的接触交往，谢桂华先生让人印象最深、终生难忘、堪称人格楷模者是他那种对后辈的关怀、奖掖和提携。一次有同事去北京带回来一本刚刚出版的《简牍学译丛》第二辑，是谢先生专门送给我的，上面还题了字。当时跟先生不过是在兰州会议上的一面之交，没有想到他还记得我。闻着书香，看着他那苍劲的题字，心里自然有一种说不出的感激。

2000 年 8 月，由李学勤、李伯谦、艾兰三位先生召集的"新出简帛国际学术研讨会"在北京达园召开，我得知此消息后给谢先生打电话，希望能得到邀请参加会议，先生二话不说即同主办方联系并发来了邀请。就是在这次会议上，我认识了不少前辈，认识了不少朋友，后来的很多学术活动都与此有关，每想及此，心里又平添了一份感激。

2001 年"长沙三国吴简暨百年来简帛发现与研究国际学术研讨会"在长沙召开，我想在会上交流胡平生先生和我合写的小册子《敦煌悬泉汉简释粹》，听取大家的意见，但赠送有困难，希望会务组以经费购买后发给大家。谢先生慨然允诺，经他多方协调，最后如愿以偿。我们心里自然又增加了一份感激。

记得有一次，我需要刘乐贤先生的大作《睡虎地秦简日书研究》，可是此书是台湾地区出版的，大陆买不到，平素同刘先生又未打过交道，不便贸然索求。便给谢先生打电话，希望他帮我向刘先生问一声。后来他告诉我，刘先生确实再无存书，但答应将他的新著《马王堆天文书考释》寄给我。不久我就接到了刘先生的寄书。现在每当见到这本书，就想起这个过程，想起谢先生不惮烦劳、架桥铺路、为同行之间建立联系的情景。当然《睡虎地秦简日书研究》后来也由胡平生先生委托陈文豪先生从台湾寄来了。这些师友之间的友谊总是让人倍感人间温暖。

2003年笔者同谢桂华先生考察殄北候官塞遗址

谢先生对晚辈如此，对师长则是真诚地推崇爱戴。2002年底来兰州校阅悬泉汉简时，张政烺先生已卧病多年。历史所想给张先生出纪念文集，临来时张先生的夫人傅先生有托，早年张先生曾给赵俪生先生送过一幅条幅，用篆书写的，可代表张先生的篆书风格，想请谢先生借回去收在文集里。谢先生与赵先生不熟，想辗转找别人，又怕赵先生不肯借，颇为犯难。正巧我和妻子郝树声都是赵先生的学生，而且多年来时常奔走在先生门下，于是由郝树声带着谢先生径往兰州大学赵先生的府上，居然很顺利地借到了，不仅谢先生喜出望外，就连赵先生也因谢先生的到来而给他带来了不少故人老友的信息感到十分高兴。赵先生问这问那，问长问短，问了张先生不少近年来的事情和病况，还特别问到杨向奎先生的纪念文集，很关心杨先生的纪念文集是怎么编的、编了些什么、涉及哪些人和事，他再三叮嘱谢先生回北京后给他捎来一本。印象中谢先生办事不太细心，可这件事却办得极认真极仔细。东西借来后认真包装，怕宾馆不安全，先放在办公室，临走时再小心翼翼拿出来装好，物不离人，随身带到北京。等拍照制版后，东西放在张永山先生家，过了一段时间我去北京，原物带回，完璧归赵。再后来，他托人带来了杨向奎先生的纪念文集，郝树声便很快送到赵先生处。从这件事，我们看到了谢先生为人处世的又一个侧面。

谢先生与人相处，真诚、善良而且重友谊。与他合作过的同事朋友很少有跟他中途翻脸的。搞秦汉史和简牍学的同志都知道，谢先生和李均明先生虽不在一个单位，可两人从一开始读简到谢先生辞世，合作共事近三十年。很多论著两个人的名字是一起出现，很多场合两个人的身影总是一起晃动，形同兄弟，情同手足。我作为旁观者看来，近三十年的亲密合作，固然不能不与均明先生那种谦虚下人、不计名利得失的处世态度有关，但也可看出谢先生对同事对朋友真诚善良的为人是始终一贯的。当前社会人心浇薄，学术界也追逐名利。今天还是很好的合作伙伴，明天就可能因为一件小事而反目成仇。一个项目，一个课题，本来多年的朋友往往因为署名的位置、稿费的多少、甚至一次抛头露面的机会或者一点其他的小事，就不欢而散，情断谊绝，从此成了路人。相形之下，谢、李二位近三十年的无私合作给我们树立了楷模。

2005 年 8 月，中国秦汉史研究会学术年会在内蒙古呼和浩特召开，会上我带去两大包《简牍学研究》第四辑，这是甘肃考古所和西北师范大学文学院合编的不定期学术刊物。本来想在会上发放，因为数量不够，谢先生就把大部分留在他那里，一本一本地分送，先满足日、韩等国外学者的需要，然后再送确实需要的同仁。我知道他是想通过这种方式为大家建立一种联系，扩大影响，让国外学者多了解我们，让简牍学研究在国内外得到一体发展。可是他当时已病入晚期，身躯屡弱，面孔瘦削，连上楼的力气都不够了。

2000 年，甘肃方面组织编写《中国简牍集成》，第一辑十二册，全收甘肃出土的简牍，其他各省出土简牍编为第二辑。当时商定的体例是将过去发表的释文保持原来的书写格式，再经校核、断句标点并加注释，配上简要的出土说明和内容提要，旨在以全本的形式提供给研究者，减少搜求简文的麻烦。以"居延汉简""居延新简""敦煌汉简""武威汉简"等为单元，分工合作，几个人承担一个单元，各负其责。谢桂华先生等三位承担的是"居延汉简"，即 20 世纪 30 年代出土的那部分居延旧简的校注任务。书出来后，发现合作的同志最后没按他们一起商定的意见办，以致标点校注出现了不少错误，再加上善后工作没有处理好，先生对此十分气恼。2003年10月在居延开会时提及此事，他居然怒不可遏，把这件事提到了人格品质和做人做事做学问的高度。接触十多年，我还很少见过他如此激动，从而也使我看到了他怒目金刚式的一面。

对亲人的爱和眷恋以及无私奉献也是谢先生一个突出的特点。先生的原配在20世纪80年代初就一直患病，他既要给夫人熬汤煮药，又要照顾两个孩子的衣食上学。而此时的他，正值需要在事业上加以拼搏的年龄。他常常不得不把孩子带到单位，先把他们安排好之后才能开始工作，中午吃饭更是胡乱凑合。后来夫人逝世，他更是又当爹又当妈，加上夜以继日地读简释简，其情其景其苦其累，确实令人酸鼻。尽管如此，他无怨无悔，始终充满着对亲人的爱。

先生半生治简，有两句名言，他说我们治简要爬两个坡，"一个是文字释读的坡，一个是深入研究的坡"。释读和研究是一个过程的两个阶段，释读是研究的前提和条件，研究是释读的目的和深入，两者之间既有联系又有区别；并且释读中有研究，研究中有释读，两者又相互渗透，不可截然分开。纵观先生的学术生涯，他把大部分精力都花在了简文的辨认释读上。哪里出了新简哪里就有他的身影，各地出土的简牍，大部分都经过他的最后审阅。他和李均明、朱国炤先生合作的《居延汉简释文合校》，至今仍是治简者必读的经典之作。释读简牍是一项十分艰辛枯燥的工作，并不像一般人想象的那样，只是辨形识字，把认识的简文移录在纸本上。它需要扎实的文字学功底和文献学功底，还要熟悉典章文物、天文历法、方技术数和历史考古知识。这还不够，还要有长期的释读经验和对简文格式、一般习语和各种书体的了解积累。简牍埋藏数千年，不仅当时出自不同的书手，鲁鱼亥豕，篆隶俗草，断裂刮削，而且经过两千多年风雨侵蚀，漫漶磨灭，褪色变形，散乱遗弃，所有这些都给今人的释读造成极大困难。一些简文似是而非，隐隐约约，若有若无，缺笔少划，字迹残半，最耗神费力，最难琢磨。谢先生几十年如一日，徜徉在简牍文字的海洋里，积累了丰富的经验和大量的相关知识。有些别人不能辨认的字，他一眼就能看得出来；很多从字迹本身不认识的字，他能根据所熟悉的制度、习语，从上下文推测出来。这些都是最基础的工作，它虽不需要深邃的哲理和洋溢的才华，但需要广博的知识和严谨的学风、一丝不苟的态度和长期默默无闻的工作。他所发表的释读简文的系列论文，为我们建立了文字释读的范式。

边塞烽燧遗址和墓葬出土的简牍有一个最大不同，就是墓葬出土物在入葬时会放在一定的位置（当然有些也经过盗墓者扰乱），而边塞烽燧的简大多是作为废弃物随意丢弃的。这些丢弃的简牍有些身首分离断成数截，有些当时本是一个内容完整的册子，而丢弃后散乱得面目全非，

2003年笔者同谢桂华先生等诸位学者参加居延考古学术研讨会

有些可能是一些内容相关的同类簿籍，丢弃后失去了原有的次序。如果按照已有的认识，根据一定的规则把残断的简联缀起来，把一些内容连贯的册书复原了，把一些内容相关和相近的记录辑录在一起，其信息含量和研究价值就不同了。这方面，继英国学者鲁惟一、日本学者大庭脩和永田英正之后，谢先生做了艰苦的工作。他的一组关于简牍联缀和复原方面的论文做了有益探索。

另外，通过汉简，他对当时政治法律制度、取庸代成制度、邸与阁、西北社祭、屯戍盐政等方面的研究，都阐发了自己的不少新见解。除西北简外，他对张家山《二年律令》的研究、对尹湾汉简的研究都是该领域的重要成果。

我们知道，谢先生生前曾把大量的精力投到了组织协调和编刊出书上。多次简牍学方面的重要会议，他都是组织者之一。从20世纪80年代以来，谢先生先后编辑出版了《简牍研究译丛》第一、二辑，《简帛研究译丛》第一、二辑，《简帛研究》第一、二、三辑和《简帛研究（二○○一）》。此外他还联系广西师大出版社陆续出版了"简帛研究丛书"。这些工作为人作嫁，耗时费力，一般人不屑一顾，而先生则不然。他不计名利得失，甘为人梯，以大量默默无闻的工作为简牍学的发展创造了一个全国性的平台，为耕耘在这块土地上的晚辈后学提供了一个学术阵地。今天的简牍学能有这样一个强劲势头和良好局面，与先生长期以来的无私奉献和勤奋工作是分不开的。

从1907年斯坦因第二次中亚探险在甘肃敦煌、酒泉的汉代烽燧遗址中掘得大批汉简到现在，整整一百年了（当然此前还有1901年斯文·赫定和斯坦因分别在楼兰、尼雅的发掘）。一百年中，王国维、罗振玉先生可谓近代简牍学研究的开山之祖，后继者有劳榦先生。1949年以后，大陆学者在简牍研究方面成就突出者主要是陈梦家和陈直先生。谢桂华先生是"文革"后成长起来的新一代简牍学家。当年与他一起涉入简牍学领域的同龄人甚至比他年长的学者至今仍活跃在学术舞台上，他却因长期的辛苦奔波、繁忙工作、生活操劳以及病痛折磨而过早地离开了我们。每想及此，无尽的哀痛、无限的怀念便涌上心头。斯人虽逝，德业常存，前辈们留下的精神品质和学术成就一定会激励我们加倍努力，作出成绩，使学术薪火代代相传。

原载卜宪群、杨振红主编《简帛研究（二〇〇六）》，广西师范大学出版社，2008年

孟凡人先生对简牍学的贡献

　　1977 年偶然在《甘肃师大学报》上读到一篇《论李岩》的文章。几十年过去了，文章的内容已模糊不清，但作者的名字一直印在脑子里。当时还是在校学生的笔者，对能写大块文章的学者总是充满着仰慕，孟凡人先生就是其中一位。后来多次参加相关的学术会议，聆听先生在诸多领域的高深见解，拜读其宏篇大作并当面请益，总是受益多多。从 1977 年第一次拜读先生的文章到 2017 年《尼雅遗址与于阗史研究》的出版，整整四十年间，仅我所知，先生发表了 70 多篇重要论文，出版了 10 部学术专著。从历史跨度看，从龙山文化到夏商考古、从战国秦汉到魏晋南北朝，从隋唐五代到宋元明清，几乎涵盖了整个历史时期；从涉及的学科看，考古、历史、民族、地理、宗教、文化、都市建筑、明清帝陵、简牍、民族古文字等都有专门研究；从研究对象看，遗址、墓葬、石窟、壁画、图像、宫殿、陵墓、城址几乎无所不包。大到中西文化的交流，小到一处遗址的细致描述；有理论方法的探讨，也有对整个学科趋势的把握；有轻有重，有博有专。但先生最重要的贡献还是在西域考古和新疆历史的研究中所取得的成果。

即使仅就西域考古历史这一领域而言，先生开拓和研究的范围亦博大精深，一时难窥其堂奥。限于自己的学力和见识，下面仅就孟先生在简牍学领域的建树谈一点粗浅的看法。

一

1900 年 3 月，斯文·赫定发现了楼兰遗址，从此使"楼兰"一词蜚声海内外。1901 年 3 月，他对楼兰遗址进行发掘，出土了 277 件汉文简牍和纸文书。而斯坦因则从 1901 年到 1930 年，先后四次在尼雅、楼兰、丹丹乌里克、安迪尔等地发现了大量的汉文简纸文书。仅前三次就掘获汉文简纸文书 407 件，其中尼雅 58 件、楼兰 349 件。1909 年日本大谷光瑞探险队的橘瑞超又在楼兰发现汉文文书 44 件。总共有 728 件之多①。

① 此数字来自林梅村《楼兰尼雅出土文书》，北京：文物出版社，1985 年，第 2 页。斯坦因第四次中亚考察时还在尼雅掘获61 枚，见王冀青《斯坦因第四次中亚考察所获汉文文书》，载《敦煌吐鲁番研究》第 3 卷，北京：北京大学出版社，1998 年。另见《英国国家图书馆藏斯坦因所获未刊汉文简牍》，上海：上海辞书出版社，2007 年。1980 年，新疆考古工作队又在楼兰发现 65 件汉文简纸文书。按照侯灿先生的统计，仅楼兰地区就出土过 575 个编号，709 件汉文文书，见《楼兰汉文简纸文书集成》，成都：天地出版社，1999 年，第 20 页。

由于这些珍贵的出土文物都由外国人发掘，所以最早的整理发表均由外国人完成。斯文·赫定 1901 年的掘获物先交德国学者卡尔·希姆莱（Karl Himly）研究。希姆莱去世后，又转交奥古斯特·孔拉第（August Conrady）整理释读。20 年后的 1920 年，孔拉第在斯德哥尔摩发表了《斯文·赫定在楼兰发现的汉文写本及零星物品》（ *Die Chinesischen Handschriften-und Sonstigen Kleinfunde Sven Hedins in Lou-lan* ）。斯坦因三次发掘的汉文文书，可分别见之于《在丹丹乌里克、尼雅和安迪尔遗址出土的中文文书》[①]、沙畹《斯坦因在中亚沙漠所获汉文文书》（ *Les Documents Chinois Découverts par Aurel Stein dans les Sables du Turkestan Oriental* ）和马伯乐《斯坦因第三次中亚考察所获汉文文书》（ *Les Documents Chinois de la Troisième Expédition de Sir Aurel Stein en Asie Centrale* ）。国人研究者只有罗振玉和王国维在 1914 年于日本发表的《流沙坠简》和张凤 1931 年在有正书局出版的《汉晋西陲木简汇编》。1949 年以后，对楼兰、尼雅出土的汉晋简牍乏人问津，只有林梅村先生在 1985 年整理出版过《楼兰尼雅出土文书》。

① 巫新华等译《古代和田——中国新疆考古发掘的详细报告》，济南：山东人民出版社，2009 年。

但是，到了1983年，孟凡人先生以李柏文书为切入点开始对楼兰、尼雅出土汉晋文书进行系统研究。先后发表了《李柏文书出土于LK说质疑》《魏晋楼兰屯田概况》《楼兰古城的性质》《楼兰简牍的年代》《楼兰简牍与西域长史机构官职系统的复原》等重要论文，削平了一个个山头，攻克了一个个难关，一部《楼兰新史》如同里程碑般矗立在了我们面前。紧接着，他又发表了《罗布淖尔土垠遗址试析》和《论鄯善国都的方位》，到1995年又出版了《楼兰鄯善简牍年代学研究》，最终形成了孟先生对楼兰出土文献研究的完整体系。

对楼兰汉文文书全面校释 出土文书的重要首先在于文献学的价值。对每件文书甚至每一个字、每一种呈现形态、每一个书写格式都应有准确无误的释读和解释。但是，一千七八百年至两千多年前遗留的文字，日月洗磨、风雨侵蚀、错讹衍夺，似是而非都所在多有。尽管一代代学者艰苦努力，但难以释读和模棱两可的文字还有很多，所以研究简牍的第一步就是对以往的释读进行仔细的校核。先生的《楼兰鄯善简牍年代学》，用相当篇幅对诸家包括孔拉第、沙畹、马伯乐、香川默识、王国维、张凤、黄文弼等前贤的释文逐一进行了校释，改变了很多误释漏释。这种对原文的重新释读，不光为全面系统的研究奠定了基础，而且也为简牍学的继续研究提供了新的范本，具有重要的学术价值。

对楼兰汉文简牍的年代学研究，使这批文书得以被置放在特定的时间维度上进行观察　一般说来出土的汉晋简牍都有一些纪年简得以在整体上确定它们的时间范围。但是有明确纪年的简只是少数，不到 10%。而 90% 以上的简牍散乱无序，没有时间标志。楼兰简同样如是，只有48 枚纪年简，其余都没有明确的年代记载。孟先生的《楼兰鄯善简牍年代学研究》以纪年简为经，以特定的人物群体为纬，通过简文蛛丝马迹的联系，把若干散乱无序的简文系联成一个群体，把它们置放在特定的时间维度上，释放出更多的信息和意义，形成了有机的意义整体。比如梁鸾组、张超济组、李柏组、王彦时组，以某个有特定标志的人物为中心，把直接或间接的简文组合在一起，确定他们的相对时代。用这种方法再结合纪年简的信息，把所有楼兰出土的简文分为前后八个时期。从 221 年至 367 年，形成了 146 年的完整序列。另外，通过对楼兰出土的 39 枚佉卢文简（楼兰共出 51 枚，拉普生等人只刊布了 39 枚）的研究，弥补了汉文简牍在纪年上的缺环。这些年代的确定对于研究楼兰史的一系列相关问题都具有重要意义。其方法和结论是对简牍学的重要贡献。

楼兰城的性质　根据《汉书》的记载，元凤四年（前77）傅介子刺杀楼兰王，改楼兰为鄯善，王治扜泥城。根据这一记载，后世研究楼兰史者形成了"迁都说"和"非迁都说"。"迁都说"认为，楼兰国的都城原来应在楼兰城，国名和都城是一致的。只是傅介子刺杀楼兰王改楼兰为鄯善后，都城才从楼兰迁到了扜泥。"非迁都说"又可分为两种：一种认为楼兰改鄯善，只是改了国名，而楼兰、鄯善的都城始终都在我们今天看到的楼兰古城。孟先生也持"非迁都说"，但他的意见是楼兰、鄯善的都城始终都在扜泥城，而楼兰城始终未作过楼兰或鄯善的都城。他的《楼兰鄯善简牍年代学》就是为此立论的基础。其实早在1986年，他就发表了《楼兰简牍的年代》和《楼兰古城的性质》，认为西汉通西域时楼兰城尚不存在。而后来兴建的楼兰城，乃是魏晋和前凉时期西域长史府的驻地[1]。他的这一结论不仅得自于简牍年代学，还通过楼兰古城的形制、布局和砌筑方法加以论证，并且得到了碳14测年的支持。2017年初，新疆文物考古研究所等单位在楼兰古城西北57千米的孔雀河北岸发掘了咸水泉古城，这是直径300米的一座圆形城址，据发掘者认为："咸水泉古城为元凤四年前楼兰国都城——楼兰城。"[2]但碳测年代似乎偏晚。看来，这个问题还有待相关材料的继续发表。

[1] 分别见《楼兰简牍的年代》，《新疆文物》1986年第1期；《楼兰古城的性质》，《中国考古学研究——夏鼐先生考古五十年纪念论文集（二）》，北京：文物出版社，1986年。
[2] 胡兴军、何丽萍《新疆尉犁县咸水泉古城的发现与初步认识》，《西域研究》2017年第2期。

李柏文书的地点　　1909 年，日本大谷光瑞考察队的橘瑞超在楼兰探险时发现了西域长史李柏给焉耆王的信。王国维在《流沙坠简》中认为，信中有"月二日到此"，而在"此"字旁加注"海头"二字，因而断言，"此地决非古楼兰"。1959 年日本庆祝大谷探险队五十周年之际，森鹿三看到橘瑞超出示的所谓李柏文书发现地的照片，认为此地不是楼兰（LA），而是 LA 西南 50 千米处的 LK，从此引起了李柏文书出土地的争论。一时间，大都认为李柏文书并非出自楼兰，而出自 LK，LK 就是前凉西域长史府海头。孟先生早在 1983 年就发表了《李柏文书出土于 LK 遗址说质疑》，认为橘瑞超根据早期记忆所写的《中亚探险》①，明确记载了李柏文书的发现地在楼兰而并未提到 LK②，而且他在探险过后不久去伦敦时又经斯坦因加以确认。他在 50 年后出示给森鹿三的照片实际上并非李柏文书的发现地。再说，从楼兰古城的规模、形制、结构等方面看，前凉的西域长史府海头只能在楼兰，而不可能在 LK，李柏文书也只能出在楼兰，而非别处。从而廓清了李柏文书出土地的问题。

鄯善国都今何在　　按照孟先生的意见，公元前 77 年

---

① 《中亚探险》，2013 年再版时，书名改为《橘瑞超西行记》。
② 孟凡人《李柏文书出土于 LK 遗址说质疑》，《考古与文物》1983 年第 3 期。

傅介子刺杀楼兰王改国号为鄯善，王治扜泥城，只是改了国号而非迁了都城。楼兰、鄯善的都城自始至终都在一个地方，即扜泥城。那么扜泥城的地望究在何处？他的《论鄯善国都的方位》一文回答了这个问题。他用考古遗迹、历史文献、汉文和佉卢文的记载从多个角度论证认为，楼兰城自东汉后期出现以后，一直是中原王朝设官管辖的直辖地区，比如魏晋前凉时期的西域长史府。而鄯善的活动范围主要在若羌到尼雅一带，楼兰和鄯善的都城始终在今若羌县西南大约 7 千米处的且尔乞都克古城[①]。这一意见得到了大多数学者的赞同。

土垠遗址和居卢訾仓 1930 年，黄文弼先生作为中瑞西北科学考查团的成员在新疆的土垠遗址发现 71 枚汉简，并将土垠发掘情况写成《罗布淖尔考古记》一书，在 1948 年正式出版。由于当时的工作条件和认识水平，对土垠遗址性质的认识还有待继续深入。1990 年，孟先生在《考古学报》上发表了《罗布淖尔土垠遗址试析》，根据出土汉简、遗址规模和出土文物，全面研究了土垠遗址的相关问题。认为土垠遗址的时间不能局限在汉简所记黄龙元年（前49）到元延五年（前8）这 40 年的时间里，

① 孟凡人《论鄯善国都的方位》，《亚洲文明》第 2 集，合肥：安徽教育出版社，1992 年。收入氏著《新疆考古与史地论集》，北京：科学出版社，2000 年。

其前后都应该有相当的延伸。太初年间（前104—前101）李广利伐大宛后，"西至盐水，往往有亭"，一直到西汉末年王莽时"西域遂绝"，这应该是土垠遗址存续的时间，前后有一百年左右。土垠绝不是一个烽燧亭，而是一个军候的驻地。土垠是汉通西域的交通枢纽，是文献和汉简中记载的居卢訾仓。所有这些论断，都把我们对土垠遗址的性质以及居卢訾仓的知识大大向前推进了一步。

伊循故城的位置　根据《汉书》记载，元凤四年傅介子刺杀楼兰王安归后，新立留质京师的尉屠耆，"丞相将军率百官送至横门外，祖而遣之"。临走时，尉屠耆请求汉天子："国中有伊循城，其地肥美，愿汉遣一将屯田积谷，令臣得依其威重。""于是汉遣司马一人、吏士四十人，田伊循以填抚之。其后更置都尉。伊循官置始此矣。"由此，伊循屯田成为汉朝经营西域的重要战略基地之一。那么伊循故地究在何处？一直是学术界争论的热点。一般的看法，伊循屯田在今若羌东北的米兰一带。但是孟先生不同意这种看法。因为现今的米兰戍堡和佛寺，都是公元4—8世纪的遗留，周围一些农耕和溉灌遗迹，大都是吐蕃占领时期的产物，不能作为汉代屯垦的证据。而真正西汉的伊循故址当在LK。这一认识刷新了以往的研究，新颖且独到。

除此以外，先生对楼兰职官体系的研究、对楼兰道与丝路南道的研究、对新疆许多城址地望的研究，都发人所未发，有独到的见解。

综观上述研究的最大特点：一是充分关注和运用了出土的汉晋简牍，在方法上形成了自己独特的操作程序，在结论上弥补了西域汉晋简牍研究的空白，是对简牍学研究的重要贡献；其次是每个专题都有深入研究，而每个专题之间都有紧密的逻辑联系，从论文到专著形成了丰满而完整的知识体系，是对楼兰史和西域史研究的重要贡献；其三是先生的研究取材宏富，分析周详，把所得的结论建立在扎实的资料和严密的逻辑之上。把简牍资料、历史文献、遗迹考古、出土文物以及实地调查结合起来，细致地分析论证，得出自己的结论，具有方法论的意义。

二

先生对佉卢文简牍文书的利用和研究，为简牍学开拓了新的领域。佉卢文是古梵文的一种俗语，公元前三世纪到公元四五世纪，广泛流行于印度西北部、中亚一带和我国塔克拉玛干南缘的鄯善、于阗等地。从 19 世纪 80 年代开始，一些外国探险家已经在我国新疆地区搜罗佉卢文的材料，最多的是汉佉二体钱。到 20 世纪初斯文·赫定和斯坦因等多次到新疆，佉卢文简牍和纸文书被大量发现。根据刘文锁《沙海古卷释稿》的统计，先后在新疆、敦煌等地出土的佉卢文简牍有 1203 件，写在皮革和纸帛上的文书有 38 件，总数有 1241 件[①]。研究新疆的历史，佉卢文资料是一座丰富的宝藏。但是作为一种中古印度的死语言，最早的释读是由外国人完成的。英国语言学家爱德华·詹姆斯·拉普生（Edward James Rapson）及其合作者波耶尔（A. M. Boyer）、塞纳（E. Senart）完成了斯坦因三次中亚考察所获佉卢文文书的拉丁字母的转写工作，分别于 1920 年、1927 年、1929 年在牛津大学克拉兰顿出版社分三册出版了《奥莱尔·斯坦因爵士在中国新疆发现的佉卢文文书》[②]。到 1940 年，拉普生的学生贝罗（T. Burrow，有文章译作巴罗、布娄）将上面转写的拉丁字母译成了英文，出版了《中国新疆出土佉卢文文书译文集》（*Translation of the Kharosthi Documents from Chinese Turkestan*），从此后，斯坦因从新疆掘获的大量佉卢文文书成为英语世界可以通读的历史资料。

我国虽有学者长期致力于对这批文书的研究工作，也取得了很多成果，但大部分只是拉普生、贝罗等人的研究

---

① 段晴《精绝、鄯善古史钩沉》，说据刘文锁先生最新相告，《欧亚学刊》新 7 辑（总第 17 辑），北京：商务印书馆，2018 年。
② 书上作者的排序是波耶尔、拉普生、塞纳。但根据王冀青先生的研究，这个顺序是按照姓氏字母排列的。三册佉卢文的释读者中，最主要还是拉普生。说见王冀青《拉普生与斯坦因所获佉卢文文书》，《敦煌学辑刊》2000 年第 1 期。

成果的汉译而已①。我们所能见到的最早的汉译佉卢文译文集是王广智先生的《中国土耳其斯坦出土的佉卢文残卷译文集（初稿）》，中国科学院新疆分院民族研究所打印油印本，是根据贝罗英国皇家亚洲学会1940年英译本译出的。全部译文编760个号，但不连续，中间缺276个号，实际有译文484条。油印稿没有标注时间，不知何时印出。1988年韩翔、王炳华等先生编印《尼雅考古资料》（内部印刷）时收入其中。就在同一年，林梅村先生的《沙海古卷（初集）》出版，根据佉卢文转写规则，参照尽可能搜集到的原物原照进行了重新转写和释读，这是我国学者佉卢文研究的最新成果。又过了将近二十年，刘文锁先生的《沙海古卷释稿》于2017年出版，综合贝罗和林梅村先生两种转写和译释，分类对以往发表的佉卢文材料进行了校订和考释②。最近段晴先生又连续出版了三本有关佉卢文研究的著作③，和林、刘二位一起把我国佉卢文研究推向一个新的阶段。

① 王冀青《拉普生与斯坦因所获佉卢文文书》，《敦煌学辑刊》2000年第1期，第25页。
② 据说新的修订本即将由新疆人民出版社出版。
③ 见段晴等《中国国家图书馆藏西域文书——梵文、佉卢文卷》，上海：中西书局，2013年；《于阗·佛教·古卷》，上海：中西书局，2013年；《青海藏医药文化博物馆藏佉卢文尺牍》，上海：中西书局，2017年。

孟凡人先生是较早关注佉卢文的学者，而且在佉卢文简牍的研究方面取得了丰硕成果。早在 1991 年他发表的《Supiya 人与婼羌的关系略说》就涉及佉卢文的释读。他认为佉卢文中"Supiya"不能对译成后来的吐蕃部落"苏毗"，而可能和早期的婼羌人有渊源关系①。他的《论鄯善国都的方位》《论尼雅 59MN001 号墓的时代》《于阗汉佉二体钱的年代》以及《汉魏于阗王统考》等重要论文，都是二十世纪九十年代初期大量运用佉卢文材料写成的。除了这些论文和《论文集》以外，先生关于佉卢文研究的成果集中体现在《楼兰鄯善简牍年代学研究》和新近出版的《尼雅遗址与于阗史研究》这两部专著中。

　　佉卢文简牍年代学的研究　如同研究汉文简牍年代学一样，《楼兰鄯善简牍年代学研究》的下编，是专门对佉卢文简牍年代学的研究。面对学术界公元 3 世纪说、5 世纪说以及 7 世纪说，先生独辟蹊径，通过与汉文简牍相互参照、简文系联的方法，提出了自己的新说。认为佉卢文中记载的五位鄯善王陀阇迦王、贝比耶王、安建迦王、马希利王、伐色摩那王在位的年代大致应在公元 242/243 年至公元 331/332 年之间。公元 270 年以后的楼兰佉卢文有少量发现，但大多属于 281/282 年—310/311 年这一时段

---

① 孟凡人《Supiya 人与婼羌的关系略说》，《新疆大学学报》1991 年第 3 期。

的。这就把楼兰的佉卢文简亦同汉文简牍一样放置在了一个特定的时间点上,对研究探讨楼兰史的其他重要问题提供了很强的相关性。同样,在《尼雅遗址与于阗史研究》中,把尼雅出土的佉卢文简与鄯善王统结合起来,进行人物组合和相关系联,把尼雅出土的佉卢文简赋予时间上的定位,把它们安置在一定的时间链上,具有了准确的时空意义。附录中孟先生对尼雅出土的汉文简牍进行了重新校释,列出了佉卢文汉文译名对照表,为进一步研究提供了参照。在对于阗出土汉文和佉卢文的研究中,他归纳排列出了汉到北魏于阗王的王统世系,这都是孟先生简牍年代学的重要内容。

利用佉卢文简牍的内容列出鄯善国的行政与官制体系 通过对佉卢文简牍的详细梳理,列出了诸如吉查依查、卡拉、古斯拉、奥吉、都古沙、色吠那、迟那韦达、凯没鸠罗、监察、司土、判长、御牧、祭司、司税等中央的官职系统。还排列出地方官州长之下的职官系统,诸如督军、税监、司土、祭司、监察、曹长、探长、判长、书吏、税吏、司税、司谷、谷吏、司帐、财务官、税务官、厩吏、边界执政官、骑都、哨长、百户长、地保、甲长、十户长等等。完整复杂的职官系统反映了当时鄯善社会的丰富内容,填补了以往鄯善社会史研究的空白,为进一步研究提供了全面的坐标体系。

此外,先生在汉佉二体钱、贵霜与于阗、鄯善的关系等方面，都曾利用佉卢文而进行过深入研究，有其独树一帜的学术见解。

列举上面的例子，在于说明：佉卢文简牍迄今已有1200多枚，内容之丰富完整，是研究西域史、民族史和中外文化交流史一座难得的资源宝库。由于语言的障碍，以往研究简牍的学者基本是绕道而行，把佉卢文研究的使命推给了语言学家。汉文简牍和佉卢文简牍的研究分成两张皮，对整体上观察作为研究对象的鄯善和于阗社会形成了隔膜。孟先生把汉文和佉卢文简牍熔为一炉，相互参证，为简牍学研究蹚开了一条新路，开辟了一个新的园地，建立了一种新的范式。这是他对简牍学的贡献，也是我们学习的楷模。

谨以此文庆祝孟凡人先生八十华诞！

2019 年 6 月 5 日
于兰州甘肃简牍博物馆

原文载肖小勇主编《聚才揽粹著新篇——孟凡人先生八秩华诞颂寿文集》，科学出版社，2019 年

第二辑　书序和前言

居延汉简与相关的人和事

居延汉简的发现，由来久矣。据唐人牛僧儒《玄怪录·周静帝居延部落主》记载：周静帝初，居延部落主勃都骨低曾令人掘得一古宅基，"于瓦砾下得一大木槛，中有皮袋数千。槛旁有谷麦，触即为灰。槛中得竹简书，文字磨灭不可识，唯隐隐似有三数字，若是'陵'字"。文中所谓"竹简书"，当是汉代边塞的遗物，应是居延汉简的最早记载。周静帝是北周最后一位皇帝，公元579—580年在位。其时距今已1400多年。因年代久远，当时情况只有只言片语的记载。

真正居延汉简的大量发现，是近几十年的事。第一批在1930年代，第二批在1970年代，还有1990年代的额济纳汉简。本文主要谈第一批居延汉简的发现、整理及其影响。

第一批居延汉简的发现，是二十世纪二三十年代中瑞西北科学考查团①取得的标志性成就，而该团的组成以及那一幕幕感天动地的考察活动，为中国近代学术史增加了激动人心的篇章。考察的时间，从1927年至1935年，历时八年之久；参加的中外科学家，先后有44名之多；考察的西北460万平方千米的土地，几乎是中国国土面积的一半；涉及的学科，有地质、地磁、天文、气象、人类、考古、民俗等诸多领域；所取得的成就，至今仍是相关学科的开山奠基之作；考查团的成员，大都站在了后来他们所从事学科的巅峰之上，成了蜚声中外的著名科学家。中方团员中，徐炳昶作为前期中方团长对各国科学家的协调支持以及与斯文·赫定的亲密合作，丁道衡对包头钢铁公司白云鄂博铁矿的发现、袁复礼对新疆近百具恐龙化石的发现、陈宗器对罗布泊湖底的探测和地磁学的贡献、黄文弼对新疆的考古调查，以及李宪之、刘衍淮在中国气象学领域的成就，都具有划时代的意义。而外籍科学家先后出版的56卷鸿篇巨制，已成为覆盖11个学科领域的经典之作。

中瑞西北科学考查团能够最终成行并取得举世瞩目的成就，首要原因是中国知识界独立觉醒了。当时，作为

---

① 后来的文献中，往往将"考查团"径称为"考察团"，虽然文义上不错，但与当时事实不符。本文在行文时概称"中瑞西北科学考查团"。叙述中用到动词时，用"考察"。

享誉全球的探险家斯文·赫定此前已有四次来过中国。他横穿波斯和两河流域的旅行，他对楼兰遗址的发现，他对藏北地区的考察，使其声望和影响几乎与科学家诺贝尔齐名。此次来中国，是他第五次中国之行。主要使命是接受德国汉萨航空公司的委托赞助，为之勘测一条从柏林经中亚到北京的航线，在北京和迪化（乌鲁木齐）之间设置四个加油站、附设无线电台并建立气象测候所。按照以往的经验，应该是故地重游，畅行无阻。为此，斯文·赫定于1926年10月来北京，先后拜会了地质调查所所长翁文灏、外交部长摄国务总理顾维钧、外交次长王荫泰，以及主政北京的奉系军阀张作霖，得到了许可证件和张作霖的大力支持。但使他意想不到的是，正当他组织的由瑞典、德国、丹麦等国科学家组成的考察队即将成行时，遭到了中国学术界强烈反对。以刘复（半农）为代表的中国学人和相关学术团体联名发表通电，一致反对外国人擅自在中国领土上随意往来，肆意掠取我国珍贵的学术和文物资源。斯氏迫于无奈，只好耐心坐到谈判桌前，逐条谈条件，逐条谈合作。近乎半年的你来我往，最终于1927年4月26日与"中国学术团体协会"达成十九条合作协议。虽不是斯文·赫定的最初设想，但于双方来讲却不失为一个圆满的结局。此时，离斯文·赫定来北京已过去了半年时间。

中国学术团体协会公然蔑视官方已经授予的许可，接二连三通电全国，最终以强大的声势和舆论阻止了斯文·赫定一帮外国人单独行动，这在备受屈辱的中国近代史上还是第一次。究其原因，一是因为"五四"新文化运动给中国学术界带来的民族自强意识，使得他们再也不能忍受清末以来西方列强以游历、探险为名派出各路探险家肆意掠夺中国古物和学术资源的行径。二是因为当时学术界的代表人物大都是留洋归来学有专长的精英人物，他们深知祖国考古、地质、生物等标本和资源对科学研究的重要。"中国学术团体协会"的 14 家组成单位是：北京大学考古学会、国立历史博物馆、故宫博物院、古物陈列所、画学研究会、北平图书馆、京师图书馆、中华图书馆协会、中央观象台、天文学会、地质调查所、中国地质学会、清华研究院、北京大学研究所国学门等。其中参与呼吁和谈判的代表人物有刘复、周肇祥、袁复礼、沈兼士、马衡、李四光、李济、徐炳昶、黄文弼等，他们都是近现代学术史上里程碑式的人物。三是因为当时的国内局势为之提供了可能。1926 年下半年的中国，南方各地忙于轰轰烈烈的工农运动和北伐战争，北方的军阀政客角逐北京政权，"你方唱罢我登场"，都想雄视天下，又都匆匆过客，无暇顾及这些暂时还危及不到自己权力和地盘的文人行为，客观上为中国学术团体协会以国家和主人的身份与外国人签订如此重大的合作协议提供了空间。十九条协议的核心是：此次考察活动的名称定为"西北科学考查团"，团长由中瑞双方担任，团员由中外双方组成；考察经费由斯文·赫

袁复礼、斯文·赫定与徐炳昶

定筹措，考察成果共同享有，并在西北科学考查团理事会统一规划下陆续发表；采获的文物一律不准带出境外，地质和古生物标本如有副本者可以赠予斯文·赫定带回瑞典。显然，这样一个协议，既维护了民族自尊和国家主权，又达到了合作考察推动学术之目的，还洗雪了百年来外人掠夺所带来的屈辱。刘复先生甚至兴奋地宣称，这是近代以来第一个"翻过来的不平等条约"。协议本身，不仅规范了此次考察的全过程，也为后来的类似行为提供了范式。

中瑞西北科学考查团能够最终成行并取得了举世瞩目的成就，第二个因素来自斯文·赫定对科学探险的献身精神和巨大的人格魅力。他是一个一生以地理探险为职志的地理学家，其追求的目标在于地理方面的发现，他要到从来没有人到过的地方，他要在地图的空白处留下自己的足迹。他此前多次来中国，试图登上慕士塔格峰、横穿塔克拉玛干大沙漠、发现楼兰遗址、深入藏北地区，几乎把自己永远留在了那里，斯文·赫定同那些专门盗掘古墓、剥走壁画、卷走大批经卷的掠夺者有很大区别。当他遭到中国学界的反对时，不气馁、不放弃，积极奔走，争取谅解，最后使问题得以解决。他是考查团的核心和灵魂，又是经费的筹措者。在德国汉萨航空公司由于中国政府不同意飞行考察计划而不得不撤回人员资金时，他穿梭于各国政府和企业之间，以其个人的影响和力量筹措到巨额资金，保障了考察活动的如期开展。他关心爱护考查团的每一个成员，同大家建立了深厚的友谊。每到一个考察营地，都会给团员们带来节日般的欢乐。在他的相关著述中，随处都可看到对中国团员的赞赏和怀念。中外团员中，有的直接将自己孩子的名字起名为斯文，以表示对这位科学巨人的崇敬和纪念。就连刘复这样最初折冲尊俎的谈判对手经过一段时间的交手后，也深为斯文·赫定的人格魅力所感染。为了撰写论文以纪念斯文·赫定1935年70周岁寿辰，刘复带着学生前往内蒙古调查方言，不幸患上了回归热而离开了人世。这位曾经的留法学子、"五四"运动中与钱玄同唱过"双簧"、同斯文·赫定谈判时"折冲最多的人"（徐炳昶语）、写过《教我如何不想她》并为名妓赛金花正名的诗人、才子、学者在43岁时英年早逝，给国人留下了深深的叹惋。考察结束后，斯文·赫定等人资助参加考查团的中国学生前往德国留学，学成归国后都成了各自领域的奠基性人物。直到斯文·赫定临终前，还念念不忘当年的中国友人，捎书带信，探询他们的境况，表达了对中国团员的思念之情。所有这些，都成为中瑞两国人民和两国科学家深厚友谊的历史见证。

还有一位特别不能忘记的人，就是瑞典考古学家贝格曼。他发现的居延汉简和小河墓地，将永远载入史册。

弗克·贝格曼（Folke Bergman），1903 年生于瑞典的斯德哥尔摩。1927 年来中国时，年仅 24 岁。其时，他的双脚刚刚踏出瑞典东南部美丽的乌普萨拉大学校园。从 1927 年到 1935 年的八年时间里，贝格曼有七年多时间没有离开过考查团，是这个团队里时间最长的外籍学者之一。考查团三个阶段的活动中，每一次都有贝格曼的身影。第一阶段从 1927 年 1 月跨出家门到 1929 年 1 月回到故乡，差 17 天整整两年时间；其间，在家休整 3 个月，又于当年 4 月 8 日离开斯德哥尔摩再次踏上来中国第二阶段的考察之路，到 1931 年 6 月 18 日回到瑞典，两年又 70 天；同样是不到 3 个月的短暂休息，又于当年 9 月底第三次踏上来中国的旅途，直到 1934 年 8 月底返回瑞典，整整三年时间。他三次来中国，行程数万里，大部分时间是在荒野戈壁、古冢废城和骆驼背上度过的，他发现了 400 多处古代遗址，最为著名者一是居延汉简，二是小河墓地。

今天的甘肃金塔和内蒙古额济纳旗一带，在汉代是肩水都尉和居延都尉的军事防地。四周沙漠戈壁、低山残丘。但额济纳河三角洲一带，水草丰美，胡杨婆娑，是北方匈奴进入河西走廊的天然通道。汉王朝把河西走廊圈入版图后，为防止匈奴铁骑再次踏入此地，便从张掖到居延沿着额济纳河（弱水）修筑了一道长达 500 千米的防线。所谓塞内塞外，成了骑马民族和农耕民族的一道屏障。此后的漫漫岁月里，历代统治者都对此进行了有效管理。后汉时建有张掖居延属国，魏晋以后设置西海郡，隋设大同城镇，唐设同城守捉，西夏党项人在今天的黑城设置过黑山威福军司。他们留下的星罗棋布的古代遗迹和大量的地下文物，是后人回望历史的坐标。

居延汉简，是贝格曼第二次来中国，也就是在考查团第二阶段的考察活动中发现的。如上所说，他在 1929 年 4 月 8 日离开斯德哥尔摩后，原打算从西北通过俄罗斯进入新疆塔城后再经内地抵达北京，但路途不顺，塔城当局不发给护照[①]。无奈之下，只好绕道西伯利亚，经黑龙江到海参崴，从东北进入北京。从最西边绕到最东边，多走了几千千米。最后于 8 月 25 日到北京，光路途就花了四个多月。9 月底办妥护照，10 月 1 日从北京出发，再次经

① 见《中瑞西北科学考察档案史料》，乌鲁木齐：新疆美术摄影出版社，2006 年，第 51 页。

内蒙的包头到额济纳流域。考察活动由东往西推进，半年之后的 1930 年 4 月 27 日，在博罗松治（E101°22′26″，N41°32′39″），发现第一枚汉简。从此后，北到额济纳河下游的索果淖尔和嘎顺淖尔，南到金塔毛目的广大地区，他进行了地毯式调查和大规模发掘。跟随贝格曼同行的有80 多峰骆驼、大批仪器设备和生活用品。雇用的两位中国助手，一位叫靳士贵，原先给安特生——写过《甘肃考古记》的瑞典考古学家——当过助手，田野经验十分丰富；一位叫王华南，在冯玉祥的部队干过中尉，基督教徒。其余的就是几位驮夫和杂役。这次居延考古，从 1930 年 4 月27 日算起到 1931 年 3 月 27 日，11 个月时间。

11 个月里，贝格曼及其同行，在寂寥的戈壁荒漠中，与风沙作伴，与胡杨为伍，送走了一轮轮傍晚的落日，迎来了一颗颗黎明的晨星。经受过零下 30 多度的严寒，也烘烤过 40 多度的烈日。倾听过春日里额济纳河两岸万物复苏的天籁，领略过秋日里胡杨林画染般的景致。饱尝了人们难以想象的艰辛，也享受过收获后的喜悦。在南北250 千米、东西 40 千米的范围内，他们踏查了 410 多处遗址，出土了一万三千七百多件古代遗物。尤其是一万多枚汉简的出土，给中国和世界学术界带来极大的兴奋。这些汉简出自 30 个不同地点，其纪年简上起西汉征和三年（前 90），下迄东汉阳嘉二年（133），前后跨越 220 多年。这是当年驻守此地的军政系统留下的原始文件，是边防将士戍守、生活和各种活动的生动记录，是后人研究西北边疆的第一手资料。

1931 年 3 月 27 日，贝格曼四十多峰骆驼的驼队满载着随行家当和发掘的古物在悠扬的驼铃声中迎着东方的朝日踏上了东归之路。他在居延的田野考古告一段落。

将近五十天的行程结束后，贝氏于当年 5 月 19 日回到北京，6 月 3 日启程回国，6 月 18 日到达斯德哥尔摩。从 1929 年 4 月 8 日至此，共 2 年又 70 天。

十二箱居延汉简和其他文物于 1931 年 5 月运抵北京，先存放于北平图书馆四库阅览室。马衡和刘复于是年 7 月监督开箱，并组织人员整理释读。第一步工作：拆包、清点、登记、编号、制卡、存放，由傅振伦和傅明德负责进行。至于文字释读，起初按西北科学考查团理事会的安排，要由瑞典语言学家高本汉、法国学者伯希和以及北大教授马衡、刘复共同完成。但实际上高、伯基本未能参加，刘复兼职过多顾不过来，只有马衡一人坚持工作。而马衡也不是每天到班，只是隔几天去一次，工作进度比较缓慢。到 1934 年初，只做完了瓦因托尼（A10）和大湾（A35）出土的一千七百多枚简的释文。1933 年 7 月，胡适以北大文学院院长兼北平图书馆委员会委员长，傅斯年以中研院史语所所长和北大教授的身份出任副委员长，再加上胡、傅二人又都是西北科学考查团的理事，多方归一，事权集中，协调起来自然容易得多。于是决定，把这批汉简从北平图书馆搬到景山东街马神庙嵩公府北大文史研究院考古学会，并重新组织了整理班子。

从 1934 年 10 月起，由北平图书馆的向达、贺昌群、北大的余逊和史语所的劳榦四位年轻才俊协助马衡完成释文。前四位直接释读原文，马衡则负责对他们的释读初稿进行审校。当时按照西北科学考查团理事会 1934 年 10 月 23 日和 12 月 2 日的会议记录①，拟参加释文整理的人员除上述 5 位外，还应有徐森玉、沈兼士、陈受颐、蒙文通、孟森、姚从吾、傅斯年等。但后面所列各位，实际上并未直接参与，只有上述向、贺、余、劳、马五位在释读整理。向达、贺昌群二先生此前有过一段大致相似的经历，都在商务印书馆担任过编译工作，后又同时担任北平图书馆编纂委员会委员，在学界已有相当名气；而余逊是余嘉锡先生的哲嗣，以当时辅仁大学陈垣校长的"四大翰林"之一而闻名士林；劳榦是清末两广总督劳崇光的后人，官世家学，源渊有自。至于马衡先生，更是如雷贯耳。他是继吴昌硕之后西泠印社的第二任社长，其时又出任故宫博物院院长，学界声望极隆。以这样一个班底来整理居延汉简，可谓一时之盛，令人仰望。但是，时运不佳，好景不长。两年之后，日本侵略者的炮火，中止了这项工作。

---

① 邢义田《香港大学冯平山图书馆藏居延汉简整理文件调查记》，《地不爱宝》，北京：中华书局，2011 年，第 526 页。

1937 年"卢沟桥事变"后，北平的大专院校和科研机构紧急南迁，教师学生蜂拥奔波在南逃途中。一万多枚汉简身处危境，两年中所做的释文和照片也不知去向。空空的北大校园只有日本军队的汽车和巡逻队不时出没，有的校舍已成了侵略者的兵营。

尚未离开北平的沈仲章，是刘复的弟子，中瑞西北科学考查团理事会干事。今天香港大学冯平山图书馆收藏的仅有的几次西北科学考查团理事会的会议记录，就是沈仲章的手笔。其时，他在刘复生前建立的语音实验室工作，而语音实验室和汉简整理室同在一个四合院，前者在四合院的北屋里，后者在东西两边的厢房里。沈仲章深知，这批汉简如果落入敌手，那将是民族的耻辱，文化的毁灭。所以他毅然决然，奋不顾身，约上同在语音室工作的周殿福，趁风高月黑之际，躲过日本兵的巡逻，在工友的帮助下，冒死把这批汉简抢运了出来。汉简装在两个大木箱里，先被藏在崧公府北大图书馆后面北长街的一个小庙里，后又以私人财物的名义存放在德华银行。1937 年 8 月 12 日，也就是"八一三"淞沪抗战爆发的前一天，他混在逃难的人群中乘火车赶往天津。在天津，他打电报给时在南方的故宫博物院古物馆馆长徐森玉，徐森玉又立即联系傅斯年。得到傅的指示后徐又专程赶回天津，找沈仲章商量办法。

淞沪抗战爆发后，运往上海的可能已不复存在。按照傅和徐的意见，这批汉简仍由沈仲章负责，直接运往香港。

于是，沈仲章历尽艰险，在将近半年的时间里，来往潜入京津之间，利用中立国和德、意等国的银行、轮船公司，由北京而天津、由天津而青岛、再由青岛而香港，最终于1937年年底把这批汉简运到了香港大学。

运到港大的汉简，在许地山教授的联系下存入冯平山图书馆。不管条件如何艰苦，傅斯年都时刻不忘汉简的继续整理。在他看来，能否尽快发表，牵扯到中国知识界的尊严和面子。即使偏安一时，整理工作也不能中断。于是安排沈仲章，在守候汉简的同时，因陋就简，开始新一轮整理。重新上架、登记、照相、编排、剪贴，打算完成后送往上海商务印书馆印制出版。中英庚款管理委员会理事叶恭绰先生大力支持，从中斡旋，在庚款中解决了沈仲章在港的生活来源和其他费用。沈氏在港一待就是三年，将所有照好的照片冲洗两份，一份寄往远在西南的劳榦，一份拟送商务印书馆。但随着日本侵华战争的蔓延，香港吃紧，居延汉简的整理再度受挫，已制成的书版和底片，也在香港沦陷时灰飞烟灭。

太平洋战争爆发的前一年，香港地区已面临危险，汉简的安全又成了问题。傅斯年等人本打算将其就近转移到昆明或马尼拉，但考虑到气候因素，不便保存。最后只好与远在美国出任驻美大使的胡适商议，决定运往美国，请美国国会图书馆代为保管。胡适在美国，有广泛的社会交往，同时又遥领西北科学考查团理事会的理事长，既是职责所在又有诸多便利。还有王重民、房兆楹和朱士嘉三位正供职于国会图书馆，所以汉简来此，成了唯一的选择。1940年8月4日，这批汉简乘上开往美国的轮船从香港启航，经两个多月的漂泊，于10月26日进入美国国会图书馆，分装成14个小箱，存入该馆善本图书室。在其后的25年里，山河易主，台海相望，原来一起关心和主持汉简整理的学者也是天各一方，音讯难通。居延汉简在这里沉睡了25年之后，又于1965年10月21日和袁同礼馆长寄存在这里的102箱珍贵古籍一起被台湾方面派人提出，于10月28日运抵旧金山奥克兰海军基地，11月3日乘美海军运输船，11月23日到达台北，从此结束了这段漂泊海外的历史。1966年1月27日至29日，台湾方面开箱点验，当局派史语所等七大部门亲临现场，监督和参与点交，以这种庄严和神圣的形式，显示了对这批居延汉简的珍视。

至于整理成果的公布发表，同样经历了一个漫长的历程。1936年，西北科学考查团将余逊和劳榦两人的释文用晒蓝纸印刷成册，世称"晒蓝本"，这是居延汉简最早的释文本。所憾只有释文而无图版，且释文也只有3055条，只是全部居延汉简的三分之一。抗战爆发后，如上所说，汉简先后被运往香港、美国。当年参加整理的人员也随单位的南迁而分散各地。只有劳榦一个人随着史语所，在先迁长沙、而后昆明、再迁李庄的过程中，利用沈仲章在香港所拍的反体照片重新又作了释文，并于 1943 年和 1944 年在四川南溪石印出版了《居延汉简考释·释文之部》和《居延汉简考释·考证之部》，1949 年又在上海商务印书馆用活字印行了《居延汉简考释·考证之部》，1957 年在台北印行了《居延汉简图版之部》。从此后，居延汉简才有了比较完整的材料以供学术界研究。1981 年，台北出版了马先醒的《居延汉简新编》，1998 年，又出版了史语所编的《居延汉简补编》，整理工作臻于完成。

在大陆地区，中国科学院考古研究所于 1959 年编辑出版了《居延汉简甲编》，包括 2555 枚汉简的照片、释文和索引。1980 年，又编辑出版了《居延汉简甲乙编》，基本包括了居延汉简的全部。

在此基础上的研究工作，也取得了很大成绩，发表了数以千计的著作和论文，给学术界带来了全新的面貌。居延汉简发现保护整理的历史折射了"五四"以后那些风起云涌的年代。上面提到的每个人，都是学术史上一座座不朽的丰碑。他们留给我们的，不仅仅是居延汉简，还有一个彰显其人格品质和爱国赤诚的精神宝库。

我们今天凭吊古迹，阅示汉简，魂牵梦绕般不能忘记的，还有这段历史。

原为《内蒙古额济纳河流域考古报告》译者序，学苑出版社，2014 年。本书收入时略有删改。

《秦汉名物丛考》序言

　　王子今教授所著《秦汉名物丛考》一书即将出版。在此之前，发来书稿，嘱我为之写序。一个多月来，犹豫再三，迟迟无法动笔。就我个人的学力和见识，为子今的大作写序，实在是力所不及，难以胜任。惶恐与压力之情比起前几位为其写序的同龄师友还要严重得多。不过，千钧重托，却之不恭。换个角度想，先读为快，总会有收获和教益，写一篇读后感，亦不失附骥之幸。

　　中华民族有五千年的文明史。有文字记载的朝代史如果从夏朝算起，也有四千一百多年。但是对文化古籍的全面整理，只能从孔老夫子算起。在孔子所构建的儒家文化里，重"道"而不重"器"，重思想义理的阐发，轻名物技艺的研究，所谓"形而上者谓之道，形而下者谓之器"。对"器"的研究，对具体专业技术的研究，甚至采取一种鄙视的态度。我常作如是想，宋代以后，中国由于

王子今《秦汉名物丛考》书影

科学技术的落后而导致全面的社会迟滞，其中一个重要原因，可能就是我们的祖先太看重思想义理而偏废对实学的钻研。

尽管如此，中华民族的汉文化是世界上唯一从文字到典籍一脉相承而未曾中断的文化。要读懂中国历史，要读懂浩如烟海的古代典籍，对其中名物的研究，是一个绕不过去的坎。郑康成遍注群经，就包括了对其中各种名物的阐释。二十六史中对兵器的记载、对礼器的记载、对舆服的记载、对宫殿城阙的记载，就占有很大篇幅。历代编辑的专书如《尔雅》《释名》、张华的《博物志》、北魏刘懋的《物祖》、隋人谢昊的《物始》、明人罗颀的《物原》、清人陈元龙的《格物镜原》以及专以名物命名的典籍如宋人蔡卞的《诗学名物考》、方逢辰的《名物蒙求》、明人耿随朝的《名物类考》等，虽就其内容和贡献各有高下，但都不失为历代学人关注名物研究的成就。

与人类生存发展相关的各种名物可以万千计。即使当世人也未必能够说清楚我们身边日常所接触的每件物品，其源流、状貌、生成过程和功能作用都需要专门的知识，更何况时越几千年，地跨数万里。加之各种名物名类繁多，内容庞杂，大到宫殿城池，小到一针一线，表面上看似复杂而细碎，而实际上要把它考证清楚，没有广博的常识、深厚的功力和丰富的阅历见闻，则无以胜任。因此，历代名物学家无一不是文史大家和学界泰斗。

2006 年笔者同王子今、孙家洲等学者在居延考察

近些年来，华夫（张述曾）先生集众人之力，历三年寒暑，编成了《中国古代名物大典》，于 1993 年出版问世，八百万字皇皇巨著，可谓嘉惠学林，功垂后世。王玉哲先生的《中国古代物质文化》，尤其是最近孙机先生出版的同名著作，是在他早先《汉代物质文化资料图说》的基础上增订完成的，内容之宏博，功力之深厚，堪称古代名物研究的经典。但是，任何一种名家名著，都不能苛求其解决我们所期望的一切问题，很多领域很多问题，还需要继续研究。王子今教授的《秦汉名物丛考》就是从特定的角度，选择一些常人比较陌生而偏僻的秦汉名物进行系列考证，从内容和形式上都有许多新特点和新贡献。

第一，从全书的结构看，近三十万字的著述，没有分章分节，而是以"丛考"的形式出现。我理解这个"丛"，有两重意义。一是根据研究的名物对象一组一组，也就是一丛一丛地安排。全书48组（包括两篇附文），读起来眉目清晰，条理井然。同时也照顾到了自己研究的路径和表述的方便。48组丛考，既可单独成篇，又可浑然成一。二是每一组内，连类而及，研究与此相关的一系列事物。比如对"酱"的考证，先根据相关文献的记载指出，秦汉时期的"酱"，是一种用食盐腌制的肉酱。尔后对与此有关的鱼酱、蟹酱、鱼子酱以及民间食用的豆麦之酱逐一进行考证，指出桓谭《新论》中的"鄙人得脠酱而美"的"脠酱"，很可能是一种鱼酱。《北堂书钞·酒食部·醢》中的"鲗鲫之酱"当是一种用乌贼或墨鱼做成的酱。同书的"蟹胥之酱"当是一种蟹酱。《礼记·内则》中的"卵酱"，当是一种鱼子酱。然而，这些鱼肉之酱在秦汉社会可能只局限于富有阶层的消费，而下层民众食用的酱更多的还是用蔬果豆麦制成。书中考证了芥酱、芍药之酱、枸酱、榆荚酱、豆酱之类广大社会民众日常作为调味品的食用之酱。同时经过子今缜密考证，揭示了与酱有关的盛装器所含的文化意义，如酱瓿、酱甄、酱瓨、酱栺、酱枙等等。他指出江陵凤凰山167号汉墓出土木简上的"酱杞一枚"，可能为"酱枙一枚"。江陵凤凰山8号汉墓出土竹简上的"肉酱一伤"，可能为"肉酱一舫"，都应是盛装器，子今对简牍释读上的疑难字提出了自己的看法。全书48

组之下有 250 个小题目，将涉及的 210 多种（据书后索引统计）具体名物根据其相互关系分隶于 48 组之中。

第二，考证研究的对象大多是近几十年来考古发现的出土器物、建筑遗迹、秦汉简牍、摩崖石刻上出现的颇有争议或尚未解决的名物术语。比如饮食类中的 11 组（酱；豉；盐菜、酱菜；酒、曲；清酒、白酒、浓酒；醇酒、白酒；善酒、美酒、厚酒、浓酒；膏饼；豆、黄豆、大豆；枣、棘；乳、马湩、挏马酒）大多出自汉简之中；军装服饰类中的 4 组（行縢；偪胫；赤帻；马甲）出自汉简的记载和汉墓的兵俑；马匹马具马食类中的 5 组（天马；木镫；掌蹄；茭；苇、蒲、慈其）出自出土器物和汉简；交通道路类中的 5 组（的阁、阁道、栈道；石积、石道；偏、碼；臽；柙、笼）出自《石门颂》《西狭颂》《郙阁颂》等"三颂"石刻文字中；日常用具类中的 3 组（蒋席、皮席、蒉席；行囊、行橐；鹿车）亦多出自简牍；建筑设施中的 4 组（复壁；复道；珰、当；封）来自建筑遗迹。胶和胶鞋 1 组亦出自汉简。其他 15 组如儿童玩具（鸠车；竹马；泥车、瓦狗等 3 组）、日常生活用品（甬、箐、筒；角杯、犀角杯；合卺杯；流马方囊等 4 组）、交通设施（虹梁；浮梁、浮桥；舟船属具等 3 组）、军事装备（连弩；机、机械等 2 组）、海洋生物（人鱼膏；海鱼；大鱼、巨鱼等 3 组）也都与考古文物有密切关系。对上述各种名物的解释，有些是子今教授的首发；有些则是过去已有解释但不确切或不正确，子今对其进行了纠正；还有的是在过去研究的基础上把认识推进了一步；有些则是提出了意见或假说，需要出土资料的证实。比如对"胶"和"胶鞋"的解释，对"酱""豉"在西北军队中的配给制度，酒类在军队中引起斗殴事件，汉简中记载的"马禖祝"礼俗，对"三颂"中若干名物的解释，都是子今的首发。在纠正以往不准确的认识方面，如汉景帝阳陵出土的士卒俑额头有一圈红色带状编织纹痕迹，发掘者称其为束发用的"陌额"，但子今通过对甘谷汉简"赤帻"的研究指出，这应该是"赤帻"而不是"陌额"。长沙东牌楼出土简牍有"蒋十五枚、菱席一束""皮席一枚"的记载，整理者认为"'蒋'应为'浆'之通假"。但子今认为"'蒋'应为'箦'"，《广雅·释器》："箦，席也。"王念孙《广雅疏证》："箦，通作'蒋'。"显然，后一种解释更合理。一字之差，便是两种事物。山西晋城泽州县山河镇拴驴泉发现正始五年（244）开凿石门、修治道路的石刻，其中有"作遍桥阁"一语。最初的整理者认为："'作遍'即遍作，指在工程路段内凡须修造桥阁之处无一遗漏。"子今察看拓片发现，"作遍桥阁"应为"作徧桥阁"，"徧"即后世之"碥"，也是一种道路形式。居延汉简中的"慈其"，有学者认为，当是一种供人食用的蕨菜，但子今考证认为，"慈其"并非蕨类，而是一种供马畜食用的饲草。诸如此类，所在多有，往往奇思妙想，胜意迭出。被国家定为旅游标志的武威铜奔马，就定名问题，学界有各种不同意见。有人提出应直截取名为"紫燕骝"，子今认为最合理的称名应该是"天马"而不可称"紫燕骝"。这就把该问题的研究，向前推进了一步。关于秦始皇陵地宫所谓点燃的"人鱼膏"究属何物，按照子今的倾向，应该是鲸鱼油，但他并没有把话说死，而是明言"秦始皇陵'人鱼膏'之谜的彻底解开，地宫照明用燃料品质的最终认定，应当有待于依据考古工作收获的确切判断"。这就是上面我说的，提出一种科学假说，有待证明。其学术价值也是不言而喻的。

第三，《秦汉名物丛考》一书对名物的考证不仅仅局限在名物本身的形貌、生成、功用等方面，而是同时从广阔的视野和多侧面多角度揭示了各种名物所蕴含的社会意义。比如枸酱的研究，指出其建元六年（前 135）汉朝派番阳令唐蒙出使南粤，结果唐蒙在广州吃到了枸酱，经过调查，才知这种枸酱乃蜀地特产，夜郎等地通过牂柯江顺流而下贩运到了南粤。由此唐蒙想到了控制南粤的策略，上奏汉武帝，开西南夷道，置犍为郡，由上游发兵而制服南粤，揭示了由枸酱而引发的政治军事上的意义。司马迁《史记·货殖列传》记载，当时的通邑大都"醯酱千瓨"，"此亦比千乘之家"。因此，对"酱"与"瓨"的考证，就具有重要的社会经济意义。书中对鲛、鳢、鯕、鰛、鲕、鳆、鳟、鲛、鲋、鲥、魦、鲽、鲷、鮧、魵、鲜等多种鱼类的考证，除了生物学、海洋学的意义外，还在于：一

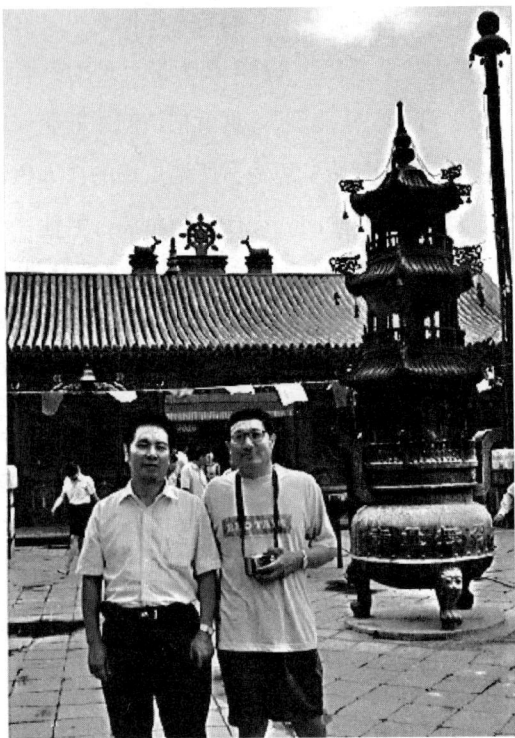

2007 年 8 月，笔者同王子今先生在内蒙古

是它的产地，大多在今朝鲜半岛，说明当时中原与这些地方的密切关系；二是司马迁《货殖列传》记载"鲐鮆千斤，鲰千石，鲍千钧"的人家，"亦可比千乘之家"，说明当时的渔业在社会经济中的地位；三是汉武帝时曾经"县官自渔"即统制海上渔业为官营，后来又放归民间而"增

收海租"，这就把对这些海洋生物的研究带进了海洋经济史和国家财政史的范围。对"大鱼""巨鱼"的考证，也有其重要的社会学意义。《汉书·五行志》记载："成帝永始元年春（前16），北海出大鱼，长六丈，高一丈，四枚。""哀帝建平三年（前4），东莱平度出大鱼，长八丈，高丈一尺，七枚，皆死。"《续汉书·五行志》记载："灵帝熹平二年，东莱海出大鱼二枚，长八九丈，高二丈余。明年，中山王畅、任城王博并薨。"用今天的生物学知识解释，其实就是"鲸鱼搁浅"或"鲸鱼集体自杀"的现象。但是史书把它记载在《五行志》里当作一种灾异现象，京房《易传》和《淮南子·天文训》以及汉代的诸多纬书都把它与天灾人祸联系在一起，赋予一种神秘的意义，制造出与自然现象和社会生活有关的诸多说法，使"大鱼"和"巨鱼"在人们对自然现象认识的观念形态上有了更丰富的内容，同时进入和影响了社会的政治生活。这些，都是书中对一些被常人忽视的名物进行考证研究的价值所在。

第四，《秦汉名物考证》对书中所涉名物的研究，取材宏富，广征博引。正文中引书2400多条，脚注中引书2100多条。除了传统经、史、子、集外，近人的专著、杂志论文，无所不在征引之列。除了传统典籍，秦汉简牍、金石砖瓦、碑刻画像、出土器物，凡可作为证据者，无不纳入论证之列。除人文学科，自然史、生态史、海洋史、交通史、饮食史、农业史、兵器史、酿造史等等亦多

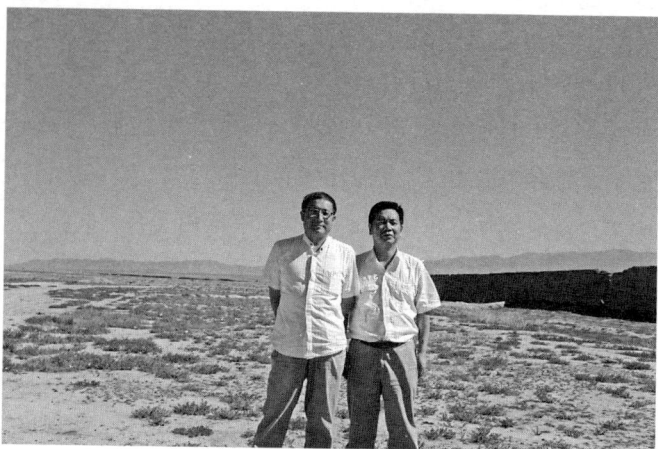

2008 年 8 月笔者同王子今先生在敦煌

有涉猎。从书中 1051 条脚注，亦可见出子今教授行文严谨，考证精详，言必有据，文必出征，体现了子今教授一贯的学风和文风。看过此书后，不光对书中研讨的名物有深入了解，而且让人广开视野，豁然开朗，有一种融会贯通之感。

第五，《秦汉名物丛考》不是王子今教授的一时之作，而是他三十多年来关注研究秦汉史各类课题项目的同时，关注名物研究的结果。从书中所附 43 篇相关研究成果目录可以看出，最早的文章是 1984 年发表在《文博》上的《秦汉"复道"考》，最晚的是今年发表于《考古与文物》第 4 期上的《岳麓书院秦简〈数〉"马甲"与战骑装具史的新认识》。三十多年来，王子今教授辛苦耕耘在秦汉史研究的领域里，出版过三十多部专著和七八部与人合作的译著，还有三十多种与人合作主编、参编的著作。王子今教授发表的论文，仅我个人收集、下载、保存在电脑里的就有六百多篇，当然不是全部。真可谓成果丰硕，著作等身。在长期研究秦汉交通史、海洋史、秦汉简牍和出土文物的同时，日积月累，形成了对书中各类名物的新认识，有些陆续发表过，有些尚未发表。现在结集在此书中，实可为对秦汉史研究的又一重要贡献。

当然，研究名物，没有直观的图录，让人看上去略嫌不足。有些诸如酱、豉、酒之类，无法用图像表示。但有些名物，诸如鹿车、鸠车、连弩等等，如果插一些直观的图像，就会让人看得更清楚。个别结论也有进一步讨论的余地，如对"荂"的研究，书中认为应该是"芨芨草"。我个人认为，"荂"可能是一种晒干的青干草。河西走廊冬季时间较长，冬季里牲畜要靠夏秋季节晾晒的青干草过冬。至于这种草，并不是某一种单一植物，应包括所有牲畜爱吃的草类植物。记得儿时在戈壁滩上放牧牛羊，很多草类植物，到现在也叫不上名字。在夏秋季节，农民割草晾干后，捆成捆垛起来以备冬天喂养牲畜。而芨芨草的杆子太多，牲畜并不喜爱。它的真正作用是编织用具。秋后草黄之时，农民把芨芨草一根一根拔下来，剥了皮可以编织席子和筐篓，千百年来，河西老百姓铺的席子几乎都是

2008 年笔者同王子今、廖伯元、刘华祝、宋超、孙家洲诸位学者合影

2010 年 8 月 16 日龟兹会议期间笔者同王子今、宋超先生合影

用芨芨草编织的，有专门的手工匠人。再就是棰劈以后，搓成各种规格的草绳，用于生产和生活。当然，这都可进一步讨论，并不影响全书的学术价值。

王子今教授不仅著作等身，成果丰硕，而且在做人、做事、做学问方面也是我们学习和追随的楷模。他之所以能在秦汉史研究的多个领域取得如此众多的成果，与他良好的教养、丰富的人生经历和深厚的学术背景有直接关系。子今的母亲，是一位刚强而有文化有追求的女性，在给予子今以母爱的同时，又在文化与学术方面给予潜移默化的熏陶。上山下乡的年代里，他插队下乡，当过农民；后来当过装卸工，扛过大麻袋。在学术研究上，他的勤奋吃苦、超过常人的精力和毅力，都与此不无关系。子今本科在西北大学读考古，有考古学的背景，在他的研究工作中，既重视文献，又重视文物，特别重视考古学的材料，甚至连一些常人不太注意的遗迹遗痕，他也从不放过。子今在研究生期间，跟随著名的历史学家林剑鸣先生学习秦汉史，受过严格的历史学、文献学训练，对考据学十分在行。二十世纪八十年代以来，一些新的史学理论和方法进入史学界，人类学、社会学、文化学为中国史学的研究提供了很多新的视角和新的方法，子今不仅从中吸取了很多营养，而且在上述多个领域里都发表过论文和专著。在秦汉史研究领域里，孜孜矻矻，矢志不渝，全身心投入，辛勤耕耘了三十多年，连任三届中国秦汉史研究会的会长。

他熟悉这块土地，哪些是曾经的沃壤而取得过丰硕的收获，哪些是需要进一步开发的荒芜之地，哪些是迄今还未引起人们注意的沟坎边角……

从 1991 年我在兰州第一次简牍学国际学术研讨会上认识子今以来，同子今的相识、交往已经有四分之一世纪了。子今对朋友的谦和、亲切、诚恳、友善是学界朋友公认的，也使他因此赢得了广泛的友谊和人脉。他天性睿智，反应敏捷，他常常以诙谐幽默的调侃给你带来愉快。我们曾一同到居延的荒漠戈壁和敦煌的汉塞烽燧进行过考察，很多在一起的情景都让人终生难忘。二十多年的友谊、交往和情感，是我人生中一份特别值得珍视的收获。愿子今学术之树常青，愿子今健康快乐。

2015 年 8 月 1 日于兰州

原载王子今《秦汉名物丛考》，东方出版社，2015 年

河西与汉简　历史与人文

　　何茂活教授的大著《河西汉简考论》即将出版，嘱我写几句话以为书序，实在是难承其命。不过，简单谈谈读后的感想和所受启发，还是高兴的。

　　全书二十多万字，主要由词义考释、释文校订、散简缀合、历谱考释等几个方面的内容组成。绝大部分文章已在重要刊物和学术会议上发表过。现在加进少量未曾发表的新作结集出版，形成一项系统而完整的研究成果，实在可喜可贺。

　　汉简是古人在两千多年前抛弃和遗留的散乱文字，一是时间久远，日月洗磨，当年留下的笔墨有的清楚，有的模糊，不容易贯通认读；二是断简残编，一鳞半爪，完整的文义只能通过分类联缀和综合考察才能得以获取；三是字形、字义和语用表达已同我们今天有了很大差别。因此，汉简研究的基础首先是简文的准确释读、断简的缀合和册书的编联、词义的考证和文义的贯通。这项工作看起来简单，而实际上不然。河西汉简从1907年发现以来已有一百多年的研究历史，但上述问题的解决还远远没有完成。只能说后来居上，后人在前人的肩膀上不断提高，不断地缩小盲区，不断地接近真实。

近些年来，我们陆续整理出版了《肩水金关汉简》《地湾汉简》《玉门关汉简》和《悬泉汉简》等等。全方位的研究刚刚起步，任务还十分艰巨。在这个过程中，不管是一篇文章、一本书，还是一项课题、一本刊物，都是对这项事业的贡献之一。

何茂活教授的研究，主要集中在对汉简的释文校订、简文的联缀和对语词名物的考证等几个方面。就汉简整理研究而言，唯有这些工作才是最重要最基础的环节。当然，基础不等于简单，往往最基础的工作才是最费力的事情。它不光需要耐心、细致和严谨的学风，而且还需要扎实的功底和深厚的学养。先说释文校订，像《肩水金关汉简》这样出土后经过长达半个世纪的整理才正式出版的巨作，在出版前已经经过很多学者无数次的校改，要在出版后再对其中的文字作进一步校订，大多已不光是个认字的问题了。很多疑难之处只能根据文书的类别、全篇全简的内容、上下文关系以及已有词例、习惯用语和名物制度来仔细判断。如果没有对文献、汉简、惯用语、名物制度以及简牍书写格式等方面的深切了解，要想有所斩获，那是难以办到的。《河西汉简考论》收入何茂活教授对《肩水金关汉简》前三册的释文校订两百多条，大部分十分中肯，可作为《肩水金关汉简》释文的继续，收入下次的修订版中。

关于语词名物的考释，是紧接着释文校订的第二步，也是汉简研究的一个重要方面。大量的人名、地名、职官、习语、典章、名物、特称、略语、行文格式、文件类别、横读、竖读、环读、栏读、签署、简札、符楬、两行、封检、牍觚等等，时隔数千年的今天，理解起来都有很大隔膜，有些简中的术语至今也没闹清楚。何著的大部分篇幅是有关词义考释的。比如《〈肩水金关汉简（贰）〉疑难字形义考辨》就是其中的力作。文中对"鸡子六蠭一器"改释为"鸡子六镫一器"就十分精当，其意义绝不仅是一个字的正误，它还准确揭示了古人生活饮食的一项内容，对我们了解其日常生活的饮食习俗具有重要意义。再比如对《所寄张千人舍器物记》和《相剑刀》册各类名物的系列考释，也都具有同样的意义。这些内容看起来微观琐屑，但解释起来需要厚重的学术功底。晚近以来的乾嘉学派为什么至今让人仰慕，就是因为他们在考据方面做出了后人无法企及的成绩。何著中这组考证文章，是对汉简研究领域一个不小的贡献。

书中关于简牍联缀方面的内容主要是历谱简和典籍简的编联。其重要不仅在于把散乱的零简编联成册，而且对上述两个领域做了进一步研究。关于天文历法的研究向称难题，不仅需要有专门的知识，而且涉及很多诸如阴阳、五行、八卦、占卜、选择、宜忌、丛辰、建除等神秘文化的东西。一部历注其实就是当时人们精神信仰的一个世界，是其宇宙观、人生观、价值观的综合反映。书中关于《居摄元年历谱》的编缀以及对"五凤三年"环形历谱的解读都具有相当的学术水平。通过这些历谱的联缀和释读，加上河西其他地区出土的同类文书，我们可以看出，及至秦汉时期，我国的天文历法已十分严密。类似河西这样的偏远地区，纵使交通通讯及印刷传播远不及今天，历法中年月日时的推排都跟中央王朝高度地一致。河西汉简中的典籍，除了武威出土的《仪礼简》，其他都是断简残编，但是何教授通过一些断句搜检到归属于《论语》《孝经》《左传》《诗经》《国语》等先秦典籍的相关内容，都是重要发现。同河西其他地区出土汉简的同类材料，我们可以综合考察当时河西边地的教育制度、学习内容、文化信仰以及主流意识形态。

一方面，全书对简文的校订、断简缀合、散简编联、词义名物的考证以及对天文历法、出土典籍的研究，每每都有创获和见解。另一方面，同样重要的是，上述工作步骤涉及整理研究汉简的基本程序，具有方法论的意义。每一步环环相扣，缺一不可，对年轻学人有着方法论上的示范意义。

当然，纵观全书内容，也不是没有可商榷之处。比如《汉武帝征和年号"亦作延和"说驳议》对汉武帝年号"征和""延和"并存说进行了讨论，认为清人乔松年和近人傅振伦、陈直所主"延和"说不准确，"延和"当为"征和"之误。我个人完全同意何教授的观点，只是觉得论述中忽略了夏鼐、陈垣、劳榦等前辈学者也都认为"延和"系"征和"之误的类似看法。还有，历法中关于"大时""小时"的历注，认为"前者指年，后者指月"（第116页）。其实前者实指四时，并非指年。钱大昕《三史拾遗》《潜研堂文集》及《十驾斋养新录》都对此进行过讨论。不过，细微之处，瑕不掩瑜，不影响全书的学术价值。

何茂活教授，山丹人，跟我邻县，河西同乡。我一向认为河西学者研究河西汉简，属于家乡的历史文化，自有一种亲近感。因为按照时下对文化的最新解释，所谓文化，就是历史上留存下来的存在于符号中的意义模式，是以符号形式表达的前后相袭的概念系统。河西汉简，就是这种两千多年来积累下来的有意义的符号储备。我们研究弘扬它，目的在于借此以交流、保存和发展对生命的知识和态度。生于斯，长于斯，对河西地区的地理气候、山川草木那种天人感应、血脉交融的体会是外人无法感觉的；千百年的历史文化、社会习俗、价值观念通过一代一代人的无意识传承，从深层意识中连接了过去和现在。所以河西学者研究河西汉简，自有一种先天的优越，对有些问题的理解，更容易符合实际。当然这只是问题的一个方面，而不是全部。

书中所收内容主要是对金关汉简的研究。但何教授关注和研究汉简的历史不自近年始。早在 2003 年，他就开始发表武威汉代医简的文章。从此坚持不懈，每年都有汉简研究的文章发表。可见，在繁忙教学的同时，汉简研究已是何教授生活工作的重要内容。正是十多年长期的努力和积累，才有了今天这样令人喜悦的成绩。

何茂活教授 1983 年毕业于西北师大中文系。几十年教学科研实践和长期的不懈努力，功力日进，成果卓著。深谙文字、音韵和训诂之学，有《山丹方言志》《河西方言纵横谈》等著作出版，还发表语言、文字以及地方历史方面的论文一百多篇。正是在这样深厚的基础之上，《河西汉简考论》能做到内容充实、见解独到，实为汉简研究领域的一部力作。

同时，我也真诚希望，在今后的工作中，何教授百尺竿头更进一步，乘势对新出河西汉简的研究做出更大贡献。

原载《河西汉简考论》，中西书局，2021 年

《肩水金关汉简》前言

　　肩水金关，是汉代张掖郡肩水都尉所辖一处出入关卡，是河西走廊进入居延地区的必经之地。位于甘肃省金塔县北部，东经 99° 55′ 47″，北纬 40° 35′ 18″。

　　早在 1930 年，中瑞西北科学考查团成员、年轻的考古学家瑞典人贝格曼曾在额济纳河流域进行考古调查，在二十九处遗址发掘出土了一万多枚汉简，其中肩水金关出简 724 枚。

　　前人在整理这批汉简时，不管是出自南部肩水都尉所属地段还是出自北部居延都尉所属地段，统称之为"居延汉简"。相沿已久，约定俗成。其实细分起来，在历史上和今天，两个地段是南北相邻的两个不同地区。南部的障塞烽燧属汉代的肩水都尉，地理范围在今甘肃省金塔县境内；北部的障塞烽燧属居延都尉，范围在今内蒙古自治区额济纳旗境内。

时隔四十多年后，边疆考古又有了新的进展。1972年至1974年由甘肃省文物部门主持发掘的甲渠候官（破城子）、第四燧以及肩水金关遗址再次取得重大收获。其中前两处所出汉简八千四百多枚，分别于1990年和1994年由文物出版社、中华书局以《居延新简——甲渠候官与第四燧》为名出版了释文简装本和图文精装本。而《肩水金关汉简》就是上述第三个地点所出汉简的全部简影和释文。

　　肩水金关遗址发掘于1973年，三十八年过去，并非弹指一挥间。时代变革，人事沧桑，有很多的人和事，都与此发生了联系。今天此书的出版，凝聚了很多人的心血和智慧。是众人努力的结果。

　　1969年中苏边界珍宝岛事件发生后，边疆考古与祖国疆域问题产生了特殊意义，保护和抢救边疆地区的文化遗产问题凸显了出来。在这种背景下，甘肃省有关部门即把眼光投向由内蒙古划归甘肃省管辖的额济纳旗——这片早在1930年代就因居延汉简的大量出土而蜚声中外的重要地区。1972年8月，甘肃省革命委员会政治部文化组派出当时在文博系统工作的王勤台、吴怡如、赵之祥、胡守兰等四位同志同酒泉地区有关部门组成十三人的调查组，从9月15日到11月底，历时两个多月，对额济纳河流域古代烽燧遗址进行了踏察，先后踏勘大小障城、关隘、烽燧六十余座，采获汉简八百多枚，完成了先期踏察任务。

1973 年 1 月 11 日，甘肃省革命委员会政治部向国务院图博口上报了发掘申请，并于 2 月 11 日被批准。三、四月间，岳邦湖、王勤台等同志再入居延，踏勘和确定发掘地点，为正式发掘做好前期准备。

1973 年 7 月 13 日至 9 月 25 日，肩水金关遗址发掘结束，历时七十五天。参加人员主要有：甘肃省博物馆岳邦湖（领队）、初世宾、任步云、赵之祥以及司机时友贵、苗新华；省革委会政治部文化组王勤台；地、县文化部门郭荣（酒泉地区）、任天福（金塔县）、苗天润、陈玉林（额济纳旗）、刘兴武（安西县）、王伟（玉门市）、韩跃成、张万合（敦煌县）等。中国人民解放军某部警卫团派出一个班战士协助工作。七、八月的戈壁沙漠，极端恶劣的气候环境，供给不足的物质条件，使这次肩水金关的发掘经历了极其艰苦的过程。

发掘结束后的初步整理和释文初稿是由初世宾同志主持并以此前省博物馆成立的简牍整理研究室为依托而于 1975 年完成的。参加此项工作的其他人员有：甘肃省博物馆郭德勇、任步云、肖亢达、乔今同、何自谦、李现以及酒泉地区冯明义、安西县刘兴武、额济纳旗苗天润、敦煌县韩跃成。这次整理工作探索、总结出了一整套工作程序和记录规范，为后来甘肃汉简的整理工作遵为范式：第一步，拆包清点、清剔泥沙、对能够缀合的断简加以拼接；第二步，按出土时间、地点、探方、层位逐简进行编号；

第三步，填写档案；第四步，拍照和释文校正。前两步是基础，后两步是重点。其中档案记录包含的编号、质地、尺寸、形制、草图、完残程度、文字、书体、格式、时代纪年、内容、校释者与校释时间等十多项要素，涵盖了每支简牍所能显示的所有信息。比如草图一项，不仅要勾勒出每支简牍的基本轮廓和细部特征，还要将简上的文字、符号摹写其上。所以，完成档案记录，也就完成了最初的释文。至于释文校正，就是把档案上的释文誊录下来，再依照原简和照片反复辨识和校改。当时形成的这些程序和规范成为西北汉简整理的基本步骤和工作方法，至今具有指导意义。

1980 年代初，国家文物局成立古文献研究室，在唐长孺先生的领导下，调集全国著名专家和部分发掘工作者前来北京，集中分组对长沙马王堆汉墓帛书与竹简、山东银雀山汉简以及居延新简进行再次整理。甘肃省博物馆初世宾、任步云、何双全，古文献研究室于豪亮、李均明，中国社会科学院历史研究所谢桂华、朱国炤参加了西北汉简的整理工作。主要是依据照片和上述释文初稿，对简文进行校改。

居延新简的整理、研究、出版曾被列入"六五"期间和"八五"期间国家重大科研项目。原计划《甲渠候官与第四燧》《肩水金关》分为姊妹篇先后出版，前者于 1994 年出版后，后者却延搁了 17 年之久。虽然其间的人事更替、机构变动、工作衔接以及各种主客观因素都使该项工作受到了影响，但整理工作并没有完全停顿。1998 年夏秋之际，甘肃省文物考古研究所汉简研究室在何双全同志的主持下，对金关汉简的释文再次进行校改。当时除汉简室的张德芳、张俊民、王元林等同志参加了此项工作，初世宾馆长和北京的谢桂华、李均明先生以及韩国学者尹在硕也参加了这次释读。简牍文字出于不同的书手，形成于不同的时期，篆隶草俗，鲁鱼亥豕，似是而非，若有若无，以至于释读工作必然是一个长期而反复的过程，每次校释都有新的发现和新的提高。炎夏酷暑，一个多月时间，大家兴致盎然，倾力于这一共同的事业。

　　社会各界和学界同仁对甘肃汉简的保护、整理和研究、出版曾给予广泛关注。国务委员陈至立同志、刘延东同志以及文化部部长蔡武同志、国家文物局局长单霁翔同志都有过重要批示；国家文物局副局长宋新潮同志还专门召集会议，研究讨论和提出过甘肃汉简保护整理研究的具体意见。前任甘肃省副省长李膺同志、现任副省长咸辉同志也曾多次召集会议，听取汇报，作过指示。历任甘肃省文物局领导马文治、苏国庆以及现任领导杨惠福同志都对上述工作给予全力支持。在马文治同志的积极倡导下，甘肃简牍保护研究中心的成立被列入议事日程；在苏国庆同志的极力推动下，甘肃简牍保护研究中心终于在 2007 年得以成立。在杨惠福同志的积极支持下，金关汉简的整理出版被提上日程。

2010 年 4 月，甘肃省文物局副局长马玉萍同志专程前往北京，与中国文化遗产研究院副院长柴晓明同志协商促成，由甘肃简牍保护研究中心和文研院古文献研究室建立合作关系，共同完成金关汉简的最后整理与出版。按照上述意见，我们成立了新的整理小组，张德芳、刘绍刚分任组长，全面负责协调整理工作。甘肃简牍中心张俊民、杨眉、马智全、肖从礼、韩华和古文献研究室胡平生、李均明、杨小亮为课题组成员，并请初世宾、何双全共同参加，通力合作。2010 年 11 月上旬，我们邀请有关领导和北京、甘肃的专家学者进行座谈，听取意见。签订了双方合作协议，按协议内容启动工作；与上海文艺出版集团中西书局签订了出版协议，出版工作被提上日程。

整理小组成立后的主要工作，一是重新拍摄照片，力争用最清晰的彩色照片和红外照片，把原简原貌和文字信息最大限度地呈现给读者；二是再度过滤和修订释文，力争把错释漏释消灭到最低程度。

上述工作完成后，《肩水金关汉简》第一卷书稿交付上海文艺出版集团中西书局编辑出版。为了能将该卷献给2011 年 8 月在兰州召开的甘肃省第二届简牍学国际学术研讨会，集团总裁张晓敏同志对该书的出版给予大力支持，中西书局副总编辑秦志华同志以其极高的效率完成了书稿的排版、编辑。2011 年 7 月 1 日至 7 日，整理小组在张

2010年11月8日，笔者参加"甘肃汉简保护整理出版座谈会"

《肩水金关汉简》书影

德芳、刘绍刚的主持下，在兰州集中，对本书的排版大样进行校改。利用红外线照片，逐字校读，使过去由于简影模糊而造成的很多释读错误得以改正。参加这次校改的同志还有：初世宾、胡平生、李均明、何双全、杨小亮、杨眉、马智全、肖从礼、韩华等。七天时间，加班加点，连续作战。初世宾先生虽已年过古稀，仍然全力以赴，一丝不苟，不放过任何一个疑点和粗疏。在这种精神带动下，其他同志加倍努力，完成了最后一次集体校读。第一卷开印前，张德芳、胡平生又专赴上海，对书稿进行了开印前的最后校定。

《肩水金关汉简》的出版得到了五家署名单位领导的关心重视。甘肃省文物考古研究所所长王辉、甘肃省博物馆馆长俄军、中国文化遗产研究院院长秦曙光、副院长柴晓明、中国社会科学院历史研究所所长兼简帛研究中心主任卜宪群、副主任杨振红等都曾给予各方面鼎力支持。

《肩水金关汉简》第一卷彩色照片和红外线图片由张德芳拍摄完成。北京美大通商有限责任公司的黄河总经理，慨然允诺，把新进口的红外线扫描仪商品样机借给我们，保证了本书红外图片的顺利完成，在此表示由衷的感谢。

《肩水金关汉简》能在三十八年后出版，确实经历了一个漫长的历史过程。在此书出版之际，我们对曾经为此而付出过劳动和心血的任步云、郭德勇、于豪亮、谢桂华等诸位前贤表示深切怀念，对海内外各界人士的关注和支持深表谢忱。

2011 年 7 月 31 日清晨五时，旅次上海川沙

原载《肩水金关汉简（壹）》，中西书局，2011 年。原文同刘绍刚二人署名。

《甘肃秦汉简牍集释》前言

　　甘肃秦汉简牍，是我国百年来出土文献的大宗。我们将天水放马滩秦简、武威汉简、敦煌马圈湾汉简和居延新简重新拍摄、整理、校读、注解，以求以往出土的甘肃简牍在图片的清晰度和释文的准确性上有较大改观。

　　兹将上述简牍的特点和我们所做的工作述之如下：

　　天水放马滩秦简在全国出土秦简中占有重要地位。一是由于发现较早，学术界关注度较强。二十世纪七十年代中期发现的云梦睡虎地秦简，使秦简出土和秦史研究进入了一个新时代。时隔十年，放马滩秦简发现于北方的甘肃，南北相映，有了相互比照和参考的内容，自然成为学术界关注的热点。二是数量较多，达461枚。这在六次百枚以上成批的秦简发现中，次于湘西里耶、云梦睡虎地、江陵王家台，位居第四。三是地理范围，三分其一。迄今为止，发现秦简的地域范围唯湖南、湖北和甘肃（四川青川木牍只有两枚，故不论）。湖南只有湘西里耶，湖北唯云梦和荆州。天水放马滩秦简的出土与湖南、湖北两例，就出土地而言，三足鼎立。四是放马滩秦简的内容有其本身的特点。虽然甲乙两种《日书》同睡虎地秦简《日书》有很多相似之处，但也有诸如《志怪故事》之类完全不同的内容。再说，即令内容完全相同，出自不同地域的两种本子本身就能说明很多问题。更何况还有很多差异，所以二者不能替代。总之，天水放马滩秦简在全部出土秦简中具有极高的学术价值和重要的学术地位。

甘肃是汉简大省，数量多、发现早、研究历史长、在海内外影响大。不仅全国百分之八十多的汉简出自甘肃，而且由于天然的地理位置，甘肃所出汉简自有其本身的诸多特点。

从国际视野看，甘肃汉简的早期发现，每每都是国际性的学术事件。斯坦因本人是匈牙利人，后来入籍英国，服务于英印政府。他把1907年和1914年两次掘获的敦煌汉简运往伦敦，先后交由法国人沙畹、伯希和和马伯乐整理。不管是发掘者还是整理者都是当时屈指可数的世界级顶尖学者，他们的参与一开始就使甘肃汉简的整理研究成为一门世界性学问，影响了整整一个时代的汉学世界。1930年居延汉简的发现，更是八年西北科学考查团的重要成果，是大规模大范围的国际性学术活动。

从国内情况看，甘肃汉简一经发现，就被置于学术研究的焦点之上。几代国学大师或者学界领袖都为之倾注了力量,深深影响了一个世纪以来中国历史文化的学术走向。一部《流沙坠简》被视为中国简牍学的开山之作,至今被学界奉为经典。而罗振玉和王国维是海内外公认的清末民初的学术泰斗,他们对甲骨文、金文、简牍和古史的研究,被称为"罗王之学"。鲁迅先生说过:"中国有一部《流沙坠简》,印了将有十年了。要谈国学,那才可以算一种研究国学的书。开首有一篇长序,是王国维先生做的,要谈国学,他才可以算一个研究国学的人物。"其后于1930年发现的居延汉简,从保护、整理到研究,都自始至终贯穿着国内最高学术机构和顶级学术大师的关注和参与。最初由西北科学考查团理事会安排的整理释读人员有:瑞典语言学家高本汉、法国学者伯希和以及北大教授马衡和刘复。后来调整扩充的名单是:傅斯年、马衡、徐森玉、沈兼士、陈受颐、蒙文通、孟森、姚从吾以及向达、贺昌群、余逊、劳榦等。仅从这个名单看,就包括了当时学界的大部分精英。这些前辈学者先后都成为一代名师和硕学大儒。当然,受战争和政治影响,上面所列很多人并未如愿以偿地参加实际工作,但这并不影响我们关于中国学术界对居延汉简重视程度的判断。可见甘肃汉简的整理研究在近百年中国学术史上占有重要地位。

从时代背景看,甘肃汉简的出土整理和收藏保护从一个侧面反映了近百年中国社会发展的起伏脉络。1907年清朝末世，风雨飘摇，大厦将倾。清政府内外交困，自顾不暇。斯坦因车载马驮，将莫高窟的卷子和敦煌汉塞的简牍文物运往英国，成了大英博物馆的收藏品；其后的1914年虽帝制结束，民国肇兴，但列强援手，军阀割据，斯坦因同样的行为又在民国的舞台上重演一次。两次掘获的汉简先藏于大英博物馆，后大英图书馆落成，又移交给后者，成为大英图书馆的镇馆之宝。1930年居延汉简运到北京，还未来得及全面整理就遭遇了炮火硝烟威胁，1937年"八一三"抗战前夕被匆忙转移，经天津、青岛存到香港。太平洋战争爆发之前，又漂洋过海，由香港运往美国。在美国整整沉睡了二十五年，最终于1965年年底回到台北，现被收藏于台北南港的史语所。只有1949年以后在甘肃出土的汉简才全部收藏在甘肃。时势变迁，人事沧桑，甘肃出土的汉简难逃时代赋予它的命运。

从汉简本身看，甘肃汉简除武威汉简出自墓葬外，其余大多数都出自河西边塞烽燧遗址。边塞有边塞的特点：一是军事屯戍文书居多，主要反映边疆防御、军队戍守、戍卒生活、后勤保障、武器配发、烽火警报、屯田水利、刑徒流放、农商民生等等；二是民族交往、和战聚处，大凡月氏、乌孙、匈奴、羌人等古代民族的流迁驻牧、归义反叛的材料都有较多记载；三是邮驿交通，驿置分布、日常运转、文书传递、使节来往、官员接待等内容占有很大比重；四是同西域的关系，西域屯田、日逐王归降、都护府设立以及西域三十多个国家来中原朝拜、通使、和亲、商贸、学习、纳贡等材料都有较详细的保存；五是中西交通和丝路贸易，中亚、西亚、南亚等国遣使通好、商贸往来的材料亦极为重要。

从汉简文书的体裁形式看，甘肃汉简大多属于社会活动的实时记录，有档案、簿册、公文、书信、律令、诏条等等。除武威汉简，很少有严整系统的典籍文献。内容丰富又缺乏系统性，天文、地理、人文、社会等各个方面的材料无所不有。制作简牍的材料主要是就地取材，如松木、胡杨、红柳。偶尔看到个别竹简，也只是来自产竹地区。干旱少雨的戈壁虽然有利于汉简的保存，但随手丢落在烽燧沿线的古代遗物也饱受了风沙烈日之苦，断残较多，字迹深浅不一。

过去公布的上述资料，由于技术设备条件和释读研究水平的限制，有很多不尽人意的地方。随着数字化、信息化时代的到来，照相技术有了很大发展，红外线用于简文的认读，出版技术发生了革命性变化，对简文的释读能力和研究水平也有了很大提高。在这种情况下，利用上述条件，重新照排、释读、整理以及出版发表新的简牍资料，也是与时俱进的时代要求。

《甘肃秦汉简牍集释》设定的目标包括以下几个方面：一是原简图片的清晰度和欣赏性，二是简牍文字释读的原始性和准确性，三是版式设计的科学性和合理性，四是简文内容的研究性和集成性。

在原简图片的清晰度方面，本书的最大贡献是公布发表了最清晰的红外图片，这在出土文献整理尤其是竹木简牍的整理方面是一次革命。过去很多模糊不清、似是而非、简牍变色污暗和文字笔画轻重难以辨认的地方，在红外图片上即可一目了然。研究观览者有此一册，日月乾坤尽在书中，不必千里来访察看原简。有些分册尚未提供红外照片者，或是由于简面褪色、简质损坏，红外照片难以展现上述效果；或是由于固化在玻璃管里一时难以操作。但这一部分数量较少，且我们从各个时期留下的照片中选用了最为清晰者作为补充，不影响正常释读。除了红外照片，本书同时出版了彩色图片，原简原色原大，实现了对简牍时代各类文书的直观性和欣赏性的恢复。

所谓简文释读的原始性，主要指的是依照原简文字照录原字，各种异写异构不以现行通行字代替。如此，有利于异体字、通假字的研究，有利于书写习惯和字形变化的观察。当然，对有些简文原字照录可能会引起误解者，我们也采取了变通处理，如"眀"与"明"，不以前者为准。至于释文的准确性，主要指书中释文部分比过去的释文有了很大提高，有相当部分的内容和文字有改释、新释和补释。一方面，最初的释文发表后经学术界研究发现并指出了不少错误，对这部分内容我们尽加吸纳；另一方面，根据红外图片，我们也发现了过去释文中不少错释、漏释的地方，前后对比，有的相差千里。当然，准确性是相对的。还有很多难释、错释和未释之字，有待学术界共同努力。

在编排方面，过去发表的图片为照顾拼版方便，尽量依照简形的长短大小依形排出，然后再编索引附在书后。若要检索原简图片，先看简号，再查索引，然后才能查到图片。辗转之劳，不胜其烦。加之简书厚重，有的一本书重达数公斤，几个回合下来，年长的学者已觉体力不支。此次排版，所有原简图片不管长短、大小、宽窄，一例按照原简编号顺序排出（天水放马滩秦简例外）。另外，不管是红外图片还是彩色图片，随简录出释文，观览图片时可同时阅读释文，阅读释文可同时查核图片。简、文相配，相得益彰。在领会简文内容的同时，一并观摩文书形态，改变了那种只见释文而不见原物的单薄感。

在简文的释读方面，通过校记、集释、说明等形式对文字内容进行解读。对先前几个不同版本的释文以校记的形式录出，对简文中的难解词语、干支时日、重要地名、职官人物、专门术语等作出注解。除简要表述编著者自己的意见外，同时列出学界对该问题研究的不同观点，为读者提供较为详细的研究信息。对一些相关问题诸如简牍的特殊形制、书写格式以及册书的联缀等等，都尽可能作了说明。

天水放马滩秦简 1986 年出土于天水北道区党川乡放马滩一号秦墓。主要内容是甲乙两种《日书》，总共 461

简。这是秦简出土方面继湖北云梦睡虎地秦简之后的又一次重大发现。1989 年《文物》第 2 期发表了考古简报，随后披露了甲种《日书》的相关内容并陆续发表过研究文章。2009 年 8 月甘肃省文物考古研究所《天水放马滩秦简》一书由中华书局出版，全部图版、释文和考古报告得以公布。由于放马滩秦简的原简在水中浸泡时间过长，简牍质地和文字清晰度远不如当初。后来虽采取了脱水脱色等保护措施，但图片质量仍然不尽理想。所以《天水放马滩秦简集释》的图版未以红外和彩色两种形式同时刊出，而只是在不同时期照片中选择最为清晰者编入其中。虽不尽如人意，但比起以前刊发的照片要好。在编排顺序上，依据作者的最新研究结果对原来顺序进行了必要调整，但保留原号以求简号的始终一致。放马滩秦简内容复杂，格式多样，不仅简与简之间的联系原不是当初的编排顺序，就是简上每一栏内容也要横向或跨简才能连缀到一起。还有，最初以为残断为两截并将其连接为一枚者，现在看来是张冠李戴而需要重新拼接的情况也不少。如此，既要与原号保持一致又要体现新的编联结果并使读者直观易读，就大大增加了编排的难度。在释文方面，首先是内容的归类分篇已与最初的面貌完全不同，其次是在具体字词的考释认读和理解方面，也有很多新内容。

　　《武威汉简集释》包括武威《仪礼》简、王杖十简、王杖诏令册、武威医药简等。武威《仪礼》简 1959 年 7

月出土于武威市新华乡缠山村磨咀子六号汉墓。按其形制、质地和内容，分甲、乙、丙三种。甲种有 398 简，七个篇目。其中只有《士相见》一篇保存完整，其余六篇均有缺失，约缺 24 简。乙种只有《服传》一篇，37 简，且内容完全与甲本《服传》相同，只是木简短而窄，字体小而密。丙种为竹简，记《丧服》一篇，34 简。甲、乙、丙三种《仪礼》九篇，469 简，存字 27400 余字。另有日忌杂占简 11 枚，共 480 简。王杖十简亦为上述地点十八号汉墓所出。1960 年《考古》第 5、8、9 期最早报告了出土情况，1964 年文物出版社出版了《武威汉简》一书，收录全部黑白照片、摹本和释文，还有陈梦家先生的整理研究文章。半个多世纪以来，学界对武威《仪礼》简和王杖十简的研究已有很多成果。1972 年 11 月，在武威柏树乡下五畦村旱滩坡发现东汉医药简 92 枚，其中木简 78 枚，木牍 14 枚。内容包括三十多个医方和一百多种药物名称。1975 年 10 月，文物出版社出版《武威汉代医简》一书，发表了这批医简的全部材料，有图版、摹本、释文、注释以及相关的研究文章。《王杖诏书令》木简 26 枚，是 1981 年 9 月武威县文管会在调查重点文物时收集，与王杖十简同出一处墓地。《武威汉简集释》将此四种文献汇为一册，以新拍的彩色照片取代旧的黑白图版。虽然前三种原简为保护起见被封装于玻璃管内而未能扫得红外照片，但武威简出自墓葬，大都字迹清晰，墨色如新，释读方面较少窒碍。

　　自 1907 年英人斯坦因在敦煌汉塞发现第一批汉简以来，敦煌汉简已有多批次发现。《甘肃秦汉简牍集释》选择敦煌马圈湾所出 1217 枚汉简作了重新拍照和整理，无论彩色、红外两种图片的清晰度还是文字内容的释读，都超迈前人，有大幅度提高。1991 年甘肃省文物考古研究所编而由中华书局出版的《敦煌汉简》一书，将 1979 年敦煌马圈湾汉简发现以前的所有敦煌简收录其中。1949 年以前发现者 947 枚，1949 年以后发现者 1538 枚（除马圈湾汉简 1217 枚之外，还有其他 13 次零星发现的 321 枚简）。1949 年以前发现的敦煌汉简大多流存海外，存放在大英图书馆，如果重新拍摄扫描，还需日后交涉。其他零星发现的三百二十多枚简以及近些年在敦煌玉门关附近发现的三百多枚简，我们将搜罗齐备，另编新册，奉献给读者。至于悬泉汉简虽也属敦煌汉简的范畴，但因数量较大，集中出土，习惯上单独看作一个单元，我们将依照《肩水金关汉简》的出版规格陆续发表。

　　居延汉简三万余枚，大致分三个部分。一是 1930 年西北科学考查团在今甘肃金塔和内蒙古额济纳旗境内大约三十个地点发现的一万零八百多枚汉简，习惯上统称为居延汉简；二是 1972 至 1974 年在额济纳旗甲渠候官遗址和第四燧出土的八千多枚简，图版释文已全部公布，1994 年由中华书局出版《居延新简》一书；三是肩水金关汉简，1973年出土于甘肃金塔县金关遗址，一万一千多枚。三部分中《肩水金关汉简》后出转精，原简红外照片和彩色照片同时刊出，释文随简照录，极便利用。目前正由上海中西书局陆续出版，分成五册，2015年全部出齐。此次《甘肃秦汉简牍集释》主要选择了《居延新简》部分，重新公布红外图片和彩色照片，释文也作了校改注解，是丛书的重点部分。至于现藏于台北"中研院"史语所的1930年代所出居延旧简，据史语所同人透露，亦有仿《肩水金关汉简》之方式，以红外图版为主重新整理出版之设想。如此，则海峡两岸珠联璧合，居延汉简图版释文水平的整体改观望之有日矣。除上述三部分，居延汉简还包括1999至2002年内蒙古考古所在上述地区发掘的五百多枚和1986年甘肃文博部门在金塔地湾肩水候官遗址发掘的七百多枚简牍，前者已于2005年由广西师大出版社出版《额济纳汉简》一书，并有孙家洲等学者的《额济纳汉简释文校本》(文物出版社，2007年)，对于后者我们也将尽快整理发表，公之于世。

总之，选择天水放马滩秦简、武威汉简、敦煌马圈湾汉简和居延新简四个部分作为重点，重新整理发表，将尽可能清晰的图片、准确的释文、大致的研究状况以及科学的编排印制奉献给读者，弥补过去整理工作留下的遗憾，是我们编写此书的初衷。

虽然我们有编写此书的上述目标，但目标和现实之间总是存在着无法消除的距离。书中错谬之处，还望博雅君子不吝赐教。

编辑出版《甘肃秦汉简牍集释》的最初动议和选题是由甘肃文化出版社编辑部主任原彦平同志提出的。他精心设计，多方协调，得到社长、总编管卫中同志的全力支持。他们慧眼独具，敢于担当，以弘扬特色文化为职志，倾力支持学术发展，让我们既有了一次精诚愉快的合作，又得到了学习提高的机会，深致谢忱。

2013 年 2 月 5 日于兰州

原载《敦煌马圈湾汉简集释》，甘肃文化出版社，2013 年

《敦煌马圈湾汉简集释》概述

　　敦煌马圈湾汉简，顾名思义，出土于敦煌马圈湾烽燧遗址。其地是汉代敦煌郡玉门都尉所辖玉门候官的驻地。其准确位置在东经93° 44′ 15.90″，北纬40° 20′ 32.30″。

　　马圈湾汉简是敦煌汉简的重要组成部分，是自二十世纪初以来敦煌汉简的多次重要发现之一，是1949年以后敦煌境内第一次较大规模的发掘成果。

　　早在二十世纪初的清末民初，英人斯坦因在他第二、第三次中亚考察期间，于1907年三、五月间和1914年三、五月间，先后两次进入莫高窟获取大量经卷后，又沿着敦煌、瓜州、玉门和酒泉一线的汉代烽燧遗址进行了挖掘。第一次掘得汉简三千多枚，第二次掘得汉简二百多枚。这是近世以来敦煌汉简的最早出土。斯氏第一次发掘的汉简交由法国人沙畹整理，并于1913年出版了《斯坦因在新疆考察所得汉文文书》，公布七百多枚的简影和释文。还有二千三百多枚由于过于残断而未加整理，直到 2004 年 7 月，中英学者才联手将这批一直存放于大英博物馆而后又移交大英图书馆的汉代遗物进行了全面整理，并由上海辞书出版社于 2007 年出版了《英国国家图书馆藏斯坦因所获未刊汉文简牍》。斯氏第二次所获汉简由法国人马伯乐整理，迟至 1953 年才正式发表。不过在此之前，中国旅法学者张凤于 1931 年在上海有正书局出版了《汉晋西陲木简汇编》，提前发表了斯氏第二次在敦煌汉塞烽燧发掘的一百六十多枚汉简。1944 年，西北科学考查团考古组夏鼐和阎文儒先生在敦煌小方盘城附近掘获汉简四十九枚，是 1949 年以前敦煌汉简的第三次发掘，简影和释文以《新获之敦煌汉简》一文发表在 1961 年科学出版社出版的夏鼐先生的《考古学论文集》上。

马圈湾烽燧遗址是 1979 年九、十月间由甘肃省文物队和敦煌县文化馆共同发掘的。遗址内总共出土汉简一千二百多枚。发掘报告、简牍图版和释文一并收录在 1991 年由中华书局出版的《敦煌汉简》一书中。此外，为使研究者查检方便，整理者还将历年出土的敦煌汉简亦收录其中，并统一编号，共编 2485 号。包括前述 1949 年以前的三批和 1949 年以后在敦煌汉塞烽燧和汉代遗址十几个地点陆续出土的汉简。书中的重点是马圈湾汉简及其发掘报告，第一次全面公布了马圈湾遗址发掘的全新成果，为学术界研究汉代的西北边塞和中西交通提供了最新

《敦煌马圈湾汉简集释》书影

资料。但是，由于当时技术条件的限制，书中图版的清晰度、释文的准确性、版式的科学性等等从目前的眼光看，还存在很大缺陷。因而，《甘肃秦汉简牍集释》的分册之一《敦煌马圈湾汉简集释》之作，就是为了弥补上述的缺陷。

马圈湾烽燧遗址坐落在敦煌西部的汉代烽燧线上，东距小方盘城 11 千米，西距最西端的广昌燧 57 千米。据《敦煌马圈湾汉代烽燧遗址发掘报告》：在发掘所开 19 个探方中，15 个探方出了汉简。按形制分类有简、牍、觚、两行、楬片、封泥柜、楬、符、筹等；按内容分类有诏书、律令、奏书、爰书、檄、记、簿籍、券契、历书、九九表、占书、方技、字书、封检、楬、符、筹、私信等等。

马圈湾汉简的内容十分重要，涉及学术界长期探讨的一些重要问题。一是新莽时期中原与西域的关系。按照《汉书·王莽传》，天凤三年"遣大使五威将王骏、西域都护李崇将戊己校尉出西域，诸国皆郊迎贡献焉。诸国前杀都护但钦，骏欲袭之，命佐帅何封、戊己校尉郭钦别将。焉耆诈降，伏兵击骏等，皆死。钦、封后到，袭击老弱，从车师还入塞。莽拜钦为填外将军，封剿胡子，何封为集胡男。西域自此绝"。由于史书记载的简略，使后人对此次出兵西域的诸多具体问题搞不清楚。马圈湾汉简保留了一百多条当时的原始记录，对研究王莽出兵西域的规模、时间、行军路线、战役战斗经过以及最后结局，都有重要意义，对整体考察中原与西域的关系提供了第一手资料。二是玉门关的位置。太初年间（前104—前101）李广利伐大宛失利，天子大怒，"使使遮玉门关，曰军有敢入，斩之"。于是，"贰师恐，因留屯敦煌"。在这样的叙述口气中，似乎给人留下了敦煌在西、玉门关在东的印象，从而引起了玉门关位置的讨论。马圈湾汉简为研究这一问题，提供了更丰富的材料。三是为搞清敦煌郡四都尉之一的玉门都尉下辖的两个候官即大煎都候官和玉门候官各自的管辖范围、驻军情况、防守设施、要塞分布、功能作用等提供了丰富的具体记载。四是为整体考察两关以西敦煌与西域接壤地带即敦煌汉塞西端到楼兰这一段最艰险路段的交通状况提供了生动记录。此外，边塞戍卒及家属口粮供应的记载，是研究戍卒生活的第一手资料；零星字书、古籍和九九表的出土，对研究边塞的文化教育有重要意义；历书、医方的出土，对研究当时天文历法和中医学发展水平有重要价值。各种簿籍类文书就有五十种之多，涉及政治、经济、军事、文化、民族、人口、民风民俗、社会生活、中西交通、丝绸之路以及西域各国情况，集中反映了西汉后期到新莽时期即从宣帝本始三年（前71）到王莽地皇三年（22）前后近一百年里西北边塞的方方面面，具有十分重要的历史和学术价值。

《敦煌马圈湾汉简集释》从图版、释文、注释到排版、印制、装帧，都有很大改进和提高。它的出版，将为研究者带来很大便利。

书中的不足和缺点，欢迎读者和学界同仁批评指正。

原载《敦煌马圈湾汉简集释》，甘肃文化出版社，2013 年

《居延新简集释》概述

居延出汉简，根据唐人牛僧儒《玄怪录》的记载，最早可追溯到北周静帝宇文衍末年，距今已一千四百三十多年了。但是到近代，较大规模居延汉简的出土，主要有三批。第一批是 1930 年至 1931 年间中瑞西北科学考查团成员贝格曼在额济纳河流域，包括今甘肃金塔和内蒙古额济纳旗地区的发掘；第二批是 1972 年至 1986 年间甘肃省文物部门对上述地区的调查发掘；第三批是 1992 年至 2002 年间内蒙古文物考古研究所在额济纳地区的发掘。

1930 年 4 月 27 日至 1931 年 3 月 27 日，贝格曼在 11个月的时间里沿额济纳河流域踏查了南北 250 千米、东西 60 千米的范围，发现古遗址 410 多处，其中在 30 个地点出土汉简，共出汉简 10085 枚 [1]。这批汉简在抗战中经

---

[1] 10085 是现在著录的数字，而《内蒙古额济纳河流域考古报告》（北京：学苑出版社，2014 年）中记录的数字是 10775 枚。以下本文的叙述取实际著录数。

过炮火的洗礼于 1937 年年底运往香港，在香港大学经过三年再整理再转移的过程，于 1940 年 8 月 4 日运往美国，在美国国会图书馆沉睡二十五年之久，于 1965 年 10 月 21 日运回台湾，现藏台北的史语所[1]。其整理成果主要有劳榦的《居延汉简考释·释文之部》《居延汉简考释·考证之部》和《居延汉简考释·图版之部》。大陆则有《居延汉简甲乙编》。最近，由于红外线拍摄技术的采用，台北的史语所又对这批汉简重新整理，从 2014 年以来陆续出版了《居延汉简（壹）》和《居延汉简（贰）》。这次重新整理和新技术的运用，可与我们新近出版的《肩水金关汉简》和《居延新简集释》珠联璧合，把居延汉简的崭新面貌呈现给学界。

1999 年至 2002 年间，内蒙古文物考古研究所选择甲渠候官附近的第七、第九、第十四、第十六、第十七、第十八燧以及甲渠候官东南 32 千米处的察汗川吉烽燧进行了发掘，出土汉简五百多枚[2]。整理成果有魏坚主编的《额济纳汉简》和孙家洲主编的《额济纳汉简释文校本》。

不过，我们这里重点要说的是第二批居延汉简的发掘

---

① （瑞典）博·索马斯特勒姆《内蒙古额济纳河流域考古报告》中译本序。
② 魏坚主编《额济纳汉简》，桂林：广西师范大学出版社，2005 年。

《居延新简集释》书影

整理经过和《居延新简集释》的有关情况。

从 1972 年至 1986 年的 15 年时间里，甘肃省文物部门分别于 1972 年、1973 年、1976 年、1980 年、1982 年对居延遗址进行过五次调查，1973 年至 1974 年对肩水金关遗址、破城子甲渠候官遗址、甲渠塞第四燧三个地点以及 1986 年对地湾肩水候官遗址进行过正式发掘。

五次调查中，文物部门于 1972 年在大湾（A35）、地湾（A33）、金关（A32）、破城子（A8）、查科尔帖（A27）、布肯托尼（A22）采获汉简八百多枚，1976 年在卅井塞次东燧（T130）采获汉简 173 枚，1982 年在破城子采获汉简 22 枚。

两度正式发掘中，1986 年在地湾遗址的发掘，出简七百多枚，目前尚在整理中。

1973 年至 1974 年在肩水金关遗址、破城子、第四燧三个地点发掘出土的汉简，其整理、出版工作已全面结束。《居延新简集释》实际上是对其中一部分汉简的研究和再整理。

三个地点的发掘最先开始于肩水金关。此地坐落在额济纳河东岸，位置在北纬 40° 35′ 18″，东经 99° 55′ 45″。西南距甘肃省金塔县城 110 千米（均为直线距离），东北距内蒙古额济纳旗达来呼布镇 180 千米。两汉时是河西走廊通往居延地区的一处关卡。1930 年贝格曼将此标为 A33，获简 724 枚。此次发掘从 1973 年 7 月 13 日开始，

9 月 25 日结束，历时两个半月。参加者有甘肃省博物馆岳邦湖（领队）、初世宾、任步云、赵之祥等六人及地县文化部门所派八人，总共 14 人。还有中国人民解放军驻地部队一个班的战士协助工作。开探方 37 个，发掘面积 1300 平方米，获简 11577 枚，其他各类文物 1311 件[①]。

破城子即甲渠候官遗址，1930 年贝格曼标此为 A8，当年掘获汉简 4422 枚。位置在北纬 41° 47′ 34″，东经 100° 56′ 54″。西南距金关遗址 160 千米。二十世纪七十年代对破城子的发掘历时两个年度。第一期从 1973 年 10 月 8 日至 11 月 4 日，近一个月。第二期从 1974 年 7 月 26 日到 9 月 24 日，近两个月。布方 68 个，实开 60 个，清理坞院、鄣城、烽台等建筑和房屋 37 间，再加上坞外灰坑等，揭露面积三千多平米。出简 7865 枚，其他各类文物 881 件。

第四燧位于破城子遗址南面五千米处，北纬 41° 45′ 4″，东经 100° 55′ 26″。当年贝格曼标号 P1，蒙语称保都格，1930 年出简 1 枚。二十世纪七十年代对第四燧的发掘是在 1974 年 9 月 25 日至 11 月 5 日，历时 40 天。开探方 2 个，出简 195 枚，加上采集简 67 枚，共 262 枚，

---

① 初世宾《居延考古之回顾与展望》，见《甘肃文物工作五十年》，兰州：甘肃文化出版社，1999 年。又见《甘肃文史资料选辑》第 51 辑，兰州：甘肃人民出版社，2000 年。

其他文物 105 件[①]。

　　这批汉简的整理释读从 1975 年即已开始。由甘肃省博物馆初世宾主持，该馆郭德勇、任步云、肖亢达、乔今同、何自谦、李现以及地县文博部门的冯明义（酒泉）、刘兴武（安西，今瓜州）、韩跃成（敦煌）、苗天润（额济纳旗）等全部或部分地参加了此项工作，历时两年多，终于完成了档案制作、图片拍摄以及释文初稿。1978 年，在文化部古文献研究室唐长孺先生的主持下，调集各路人马对居延新简、马王堆汉墓帛书以及银雀山汉简进行集中整理。其中于豪亮、谢桂华、李均明、朱国炤以及甘肃方面的任步云、何双全参加居延汉简的整理，孙言诚、连劭名参加了部分工作。与此同时，初世宾、张邦彦在兰州的校改工作仍在继续。从 1978 年至 1982 年，北京的居延新简整理组穿梭于北京和兰州之间，查对照片、核看原物，形成了居延新简释文的修订稿。1984 年，在唐长孺先生主持下，张政烺、李学勤、裘锡圭、徐苹芳等著名学者对居延新简的修订稿进行了会审定稿。

　　由于约定俗成，原计划这批新出的居延汉简都以《居延新简》为名，而以副标题如《甲渠候官》《肩水金关》等标明其出土地点。1990 年文物出版社出版了《居延新

[①] 初世宾《居延考古之回顾与展望》。

简——甲渠候官与第四燧》的简体简装本。1994年中华书局出版了《居延新简——甲渠候官》的图版释文本，实际内容都包括了破城子和第四燧所出汉简。但是，上书出版后，计划作为姊妹篇的《居延新简——肩水金关》却迟迟未能如期完成。直到2011年，甘肃简牍博物馆、甘肃省文物考古研究所、甘肃省博物馆、中国文化遗产研究院古文献研究室、中国社会科学院简帛研究中心等五家单位又再度合作，重新启动这项工作，至2016年8月，延滞43年的金关汉简的整理工作才告结束，而书名则直取《肩水金关汉简》，由上海中西书局出版发行。《肩水金关汉简》的整理出版，加入了红外照片与彩色照片，版式科学，印制精良，吸纳了学术界几十年来的研究积累，释文水平有极大提高，反而后出转精，使出土简牍的整理出版跨入了一个新时代。

相比之下，过去出版的《居延新简——甲渠候官》就有许多缺憾和不尽如人意之处。因此之故，为弥补这些缺憾，为学界提供一个更为理想的阅读观览的汉简读本，就是我们编著《甘肃秦汉简牍集释》的初衷。这一点，前言中已经有所说明。《居延新简集释》就是其中的一部分。虽分七个分册出版，但内容与1994年中华书局出版的《居延新简——甲渠候官》相对应，所收图片和简文除1973年至1974年在甲渠候官遗址和第四燧发掘的全部汉简外，还收了1976年在卅井塞次东燧（T130）采集的173枚简和其他一些零星采集简。

甲渠候官遗址和肩水金关遗址在二十世纪三十年代和七十年代的两次发掘中，分别出简一万二千多枚，各占居延所出汉简三万多枚的百分之四十五左右，是出简最多的两个地点。而七十年代所出居延新简，与三十年代所出汉简相比，最明显的特点有二：一是调查发掘更为科学——从调查、勘探、布方、发掘以及整理释读都严格按照科学规范操作，而三十年代的发掘仅凭贝格曼一人之力，很多地方都不可能精细操作；二是出土的册书较多，七十多个完整或比较完整的册子，为研究者提供了完全不同于断简残编的丰富内容；三是调查发掘都在一种相对安定的环境中进行，后期造成的错讹较少，相比之下，三十年代出土的那批汉简所遭遇的颠沛流离、动荡不安的命运，导致其中的简号、出土地至今还有错乱。总之，居延新简的出土是考古、历史学界的重大收获。很多问题诸如汉匈关系、西北边防、中西交通、民族融合以及政治、经济、军事、文化等领域的学术难题得以借助居延汉简的研究才能加以解决，其重大的历史、科学和文化价值随着研究的深入，在不断得到彰显。由于《居延新简——甲渠候官》出版发表已有二十多年，学术界对此研究已取得丰硕成果，其具体内容已为学界所熟知，此处不再详述。

所谓《居延新简集释》，即是对《居延新简——甲渠候官》一书中涉及的人名、地名、官名、历法、典章、名

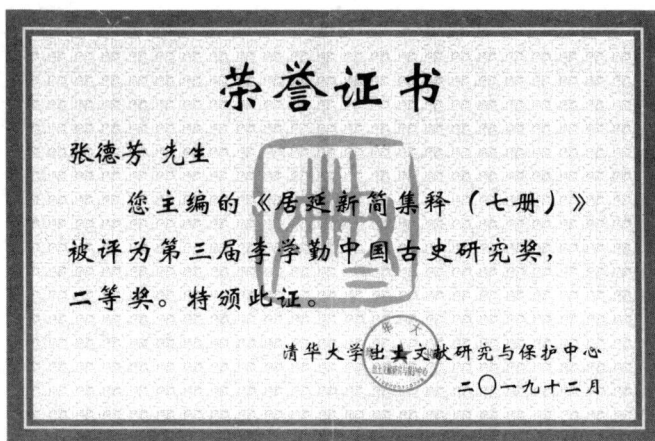

荣誉证书

张德芳 先生

您主编的《居延新简集释（七册）》被评为第三届李学勤中国古史研究奖，二等奖。特颁此证。

清华大学出土文献研究与保护中心

二〇一九年十二月

2019年12月《居延新简集释》获"李学勤中国古史研究奖"二等奖

物、事件、词语、称谓等进行通解集释，以期大学文科的老师、学生以及出土文献爱好者在通读汉简文本时少有滞碍。

《集释》中采用了大量今人的研究成果，同时也融入了作者自己的见解。错误疏漏在所难免，诚望博雅君子不吝赐教。

2016年6月20日凌晨识于兰州

原载《居延新简集释》，甘肃文化出版社，2016年

《地湾汉简》前言

　　地湾，一个毫无特色的地名，却以出土大量汉简而闻名于世。1930 年，中瑞西北科学考查团成员贝格曼在居延地区的近三十个地点掘获汉简一万零八百多枚。其中甲渠候官遗址（俗称破城子）出简 4422 枚，地湾出简 2383枚，大湾出简 1334 枚，金关出简 724 枚。除此四地所出8863 枚外，其他地点都是些零星所出。可见当年地湾出简的数量仅次于破城子，占全部居延汉简的五分之一[①]。

　　根据汉简的记载，两千多年前这里是肩水都尉下属之肩水候官的驻地，一座西北边塞通往居延地区的军事要塞。时至今日，雄伟的障城巍然屹立，以阅尽人间沧桑的姿态吸引着南来北往的游人墨客。他们来此凭吊历史，回望那

[①] 中国社会科学院考古研究所编《居延汉简甲乙编》，北京：中华书局，1980 年，第 295—296 页。

今天的地湾城

段灿烂辉煌而让人充满遐想的过去。

地湾遗址，地理坐标在北纬 40°35′1.40″，东经 99°55′45.27″。南距甘肃省金塔县航天镇 34 千米，东北距今天的卫星发射中心直线距离 50 千米。遗址往西 70 米处，就是著名的额济纳河，它发源于祁连山，由西南向东北流淌而过。今天的额济纳河由上游经过张掖、临泽、高台的黑河和西南经酒泉的北大河汇流而成。说起这条河，它不仅同地湾遗址密切相关，还同时承载着更多的历史文化。两汉时期，今天的黑河称羌谷水，北大河称呼蚕水，额济纳河称弱水。《汉书·地理志》说："羌谷水出羌中，东北至居延入海，过郡二，行二千一百里。""呼蚕水出南羌中，东北至会水入羌谷。"《尚书·禹贡》中"导弱水至于合黎，余波入于流沙"，说的就是这条河。汉代的居延防线呈"丫"字形，卅井塞东西走向，60千米左右，像一支斜逸出的"枝条"。其他的要塞都是沿着弱水两岸分布的，从北向南有殄北塞、甲渠塞、广地塞、橐他塞、肩水塞等等。地湾遗址只是其中的一处，它与上述边塞形成一个完整的防御体系。地湾遗址的北面是肩水金关遗址，两者相距500米。后者除1930年贝格曼在此发掘汉简七百多枚外，1971年至1973年，甘肃文博部门又在此发掘一万多枚，并于2011年至2016年陆续出版了《肩水金关汉简》一至五辑。

现在的地湾遗址由障城和坞院两部分组成。障城为正方形，面积为22.5米×22.5米。墙厚5米，高8.4米。障内北墙4米高处和东墙2米高处有成排的曾经安放过木椽的壁洞。西墙开门。障外西面有坞院一座，南北呈长方形，面积为55米×48米，壁高3米，基宽1.3米。坞院东墙同障的西墙呈直线形连接，院门南开。障坞南边还有一道坞墙，沿障的东墙直线南走，30米后西拐，与坞院南墙平行而西。坞内障南有若干房屋遗址。坞院北部20米处，有一道东西走向的坞墙，长100米，基宽2米。地湾遗址1988年被公布为全国重点文物保护单位。此地四周是砾石戈壁，属典型的温带干旱气候，降水稀少，蒸发量大，夏季炎热，冬季寒冷，四季多风。地表有稀

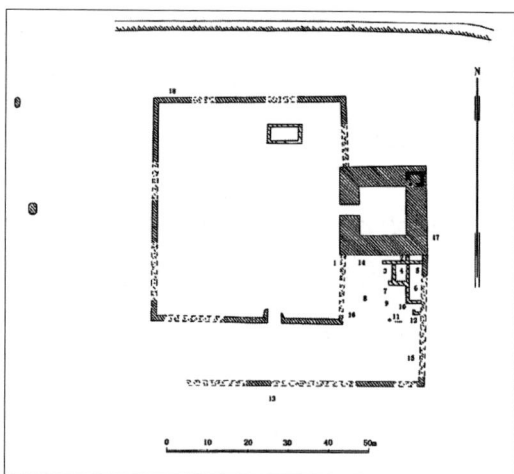

A33 地湾遗址平面图

疏的骆驼刺、白刺等耐旱作物。时有蜥蜴、野兔和野鸡
出没。

遗址东面 1100 米处，有二十世纪六十年代所修通向
航天基地的铁路由南向北通过，铁路东面 300 米，近几年
修建的酒（泉）航（天城）公路与铁路并行而过。遗址东
南 1300 米处，有部队营房一座，面积为 100 米 × 100 米，
驻军队守护铁路。

1930 年，中瑞西北科学考查团成员、瑞典考古学者
贝格曼在居延考古发掘的近 30 个出简遗址中，地湾遗址
是其一。当时，贝格曼将此地标为 A33，开挖十八个地点
（参看遗址平面图。该图借用《额济纳河流域障隧述要》，

见《居延汉简甲乙编》下册第 314 页）。出土汉简 2380 多枚，是当年居延汉简的组成部分。

此次居延发掘历时十一个月，从 1930 年 4 月 27 日到 1931 年 3 月 27 日。发掘结束后，贝氏将所有一万多枚汉简和其他文物分装于十二个木箱，用驼队运往北京，先存放在北平图书馆四库阅览室，由马衡和刘复监督开箱，组织人员拆包、清点、登记、编号、制卡、存放，并开始由马衡等人着手整理。1933 年 7 月，又将这批汉简从北平图书馆搬到北大文史研究院考古学会（景山东街马神庙崧公府），增派北平图书馆向达、贺昌群、北大余逊、史语所劳榦四人协助马衡继续整理。1937 年"卢沟桥事变"后，一万多枚汉简身处危境。刘复的弟子沈仲章不惧艰险，在傅斯年、徐森玉的关心支持下，又只身将汉简运往香港，存入香港大学冯平山图书馆。得到叶恭绰、傅斯年的支持，沈仲章在守护汉简的同时，开始新一轮整理。重新上架、登记、照相、编排、剪贴，打算完成后送往上海商务印书馆印制出版。但是太平洋战争爆发后，香港不保，汉简的安全又成了问题。经驻美大使胡适斡旋，美国国会图书馆同意为我国保存。1940 年 8 月 4 日，这批汉简乘美国轮船从香港启航，于 10 月 26 日存放美国国会图书馆。时隔 25 年之后，才于 1965 年 11 月 23 日运抵台北，现存放台北南港的"中研院"历史语言研究所。

居延汉简的整理，最早于 1936 年出过余逊和劳榦的晒蓝本，只有释文而无图版。释文也不完整，只有 3055 条。抗战时期，劳榦先生一个人坚持工作，他在四川宜宾的李庄用反体照片释读原简，于 1943 年和 1944 年先后石印《居延汉简考释·释文之部》和《居延汉简考释·考证之部》，1957 年又在台北出版了《居延汉简考释·图版之部》。最近台北"中研院史语所"重新整理居延汉简，用红外线扫描，并对释文详加订正。2014 年开始出版第一卷，每年一卷，2018 年五卷本全部完成。这是居延汉简图版和释文整理的最新成果，地湾汉简作为其中的重要篇章也以崭新的面貌得以呈现。

至于这次发掘的考古报告，由于贝格曼于 1946 年英年早逝，在他生前并未完成。从 1951 年起，瑞典学者索马斯特勒姆（Bo Sommarstrom）接手此项工作，并于 1956 年和 1958 年分别完成出版了两卷本的《内蒙古额济纳河流域考古报告》，即《斯文·赫定博士率领的中国西北诸省科学考察报告》的第 39 本和第 41 本，其中对地湾汉简的发掘有详细描述。中国大陆于 1959 年由中国科学院考古研究所整理出版了《居延汉简甲编》，只收录图版和释文 2555 条。到 1980 年出版《居延汉简甲乙编》才基本收齐了全部的图版和释文。书后附有《额济纳河流域障隧述要》，就是陈梦家先生根据索马斯特勒姆的报告撮要编写的。另外，2014 年由学苑出版社出版的黄晓宏、张德芳等翻译的索氏的考古报告，其中对当年贝格曼在地湾的发掘有详细记录①。我们研究地湾遗址及其出土汉简，这是重要的参考资料。

本书收录的简牍图版和释文是1986年对地湾遗址进行第二次考古发掘的收获。相隔前次贝格曼的发掘，已有56年时间。1986年，刚刚从甘肃省博物馆分离出来的甘肃省文物考古研究所在此前多次深入居延地区进行调查的基础上，集中对地湾遗址进行了再次发掘，时间是1986年9月23日至10月24日，整整一个月。此次发掘自始至终都是在时任所长岳邦湖先生的组织下进行的，工地发掘人员有吴礽骧、任步云、马建华三位先生和司机马更生，工地由吴礽骧负责。当时，开掘探方59个，发掘面积1800多平方米，出土汉简700多枚和其他各类遗物。

1986年的地湾发掘，距今已经30多年，其中的岳、吴、任三位先生已经作古，马建华先生也已调往外地并退休多年。为了纪念三位老先生对地湾发掘的贡献，此处对他们的生平事迹略作介绍。岳邦湖（1929—2013），河南温县人。1950年参加北京大学考古学习班，此后一直在甘肃省文博部门工作，先后任甘肃省博物馆文物工作队队长、甘肃省文物考古研究所第一任所长直至退休。他对甘肃长城的调查、对居延遗址及居延新简的调查发掘、

---

① （瑞典）博·索马斯勒姆著、黄晓宏等译《内蒙古额济纳河流域考古报告》，北京：学苑出版社，2014年。

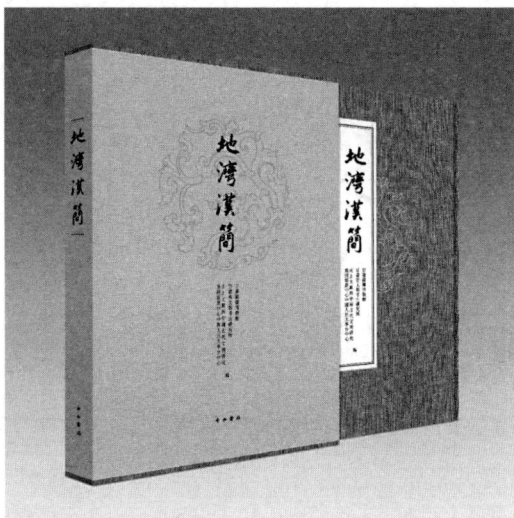

《地湾汉简》书影

对地湾遗址的发掘以及其他方面诸如甘肃石窟、甘肃岩画、秦直道的调查等等都做出过重要贡献。主持和参与完成的专著十多种，都是研究相关领域的重要著作。吴礽骧（1934—2004），湖北天门人。1961年北京大学历史系毕业后长期在甘肃省文博部门工作。曾参加灵台白草坡两周墓、酒泉嘉峪关魏晋壁画墓、敦煌马圈湾、敦煌悬泉置以及地湾遗址的调查发掘，是著名的长城学专家和简牍学专家，曾任甘肃省文物考古研究所汉简研究室主任。整理和完成《敦煌汉简》，著有《河西汉塞调查与研究》一书，撰写论文数十篇，都有较大影响。任步云（1923—1991），甘肃陇西人，副研究员，1953年到甘肃文博部门工作，曾参加过多次重要的考古调查和发掘，撰有《居延汉简"候史广德坐罪行罚檄"》《居延汉代遗址的发掘和新出土的简册文物》《建武三年居延都尉吏奉例略考》等文章。他们的发掘，在贝格曼的成果上又增添了材料，也为我们今天的工作奠定了基础。趁此书出版之机，对以上各位前贤表示深切怀念。

为了使读者能更多了解简牍和当年发掘的有关信息，《地湾汉简》书后附有"简牍规格尺寸表"和当年吴礽骧、任步云两位先生的发掘日记。

这批汉简的最初释文是由何双全、张俊民和张德芳在二十世纪九十年代中期完成的。时过二十多年，我们重新整理并正式发表这批材料时，已是时过境迁、物是人非。过去的"汉简研究室"一变而为"甘肃简牍保护研究中心"，再变而为"甘肃简牍博物馆"。

此次整理出版，一是照顾到历史的连续性，二是本着与文博部门以外的科研机构和大专院校加强合作的精神，由甘肃简牍博物馆、甘肃省文物考古研究所、中国人民大学出土文献与中国古代文明研究协同创新中心合作完成。

具体过程是，校样排出后先发相关学者分头校读，然后把校读结果集中反馈出版社排出二校。再把二校清样发给每位学者继续校读，并于2017年7月29日、30日集中兰州讨论定夺。甘肃简牍博物馆馆长张德芳及副研究员肖从礼、马智全，中国人民大学王子今教授、孙家洲教授、马利清教授和孙闻博副教授，南开大学杨振红教授，中国社会科学院简帛研究中心邬文玲研究员，西北师范大学李迎春副教授以及中西书局社长秦志华、编辑田颖等自始至终参加了这次再整理的全过程。其中肖从礼、马智全、李迎春、田颖在具体编务过程中出力尤多。全书照片的拍摄和吴礽骧、任步云日记的整理由张德芳完成。

原载《地湾汉简》，中西书局，2017 年

《玉门关汉简》前言

　　本书《玉门关汉简》所指的"玉门关"，亦称"小方盘城"，两名通行且大有前者取代后者的趋势。2014年6月22日，联合国科教文组织世界文化遗产委员会将此公布为"世界文化遗产"，"玉门关"一名已约定俗成。但需要说明的是：一、历史上的玉门关有过多次迁徙。即使汉代的玉门关址，学术界亦有不少争论，本书的"玉门关"并不代表某种学术观点。二、取名《玉门关汉简》只是表明书中所收汉简的主体部分为1998年在玉门关遗址发掘出土的新简，而不是书中所有汉简都出自玉门关。相反，玉门关汉简只是其中一部分，书中还有其他三部分，都是在不同时间和不同地点零星出土的。实际上《玉门关汉简》收录了截至目前敦煌博物馆收藏的全部汉晋简牍。

一

　　1998 年 10 月，为配合敦煌小方盘城的加固维修，敦煌博物馆对小方盘城周围进行了小范围发掘，紧靠西南两面城墙开 5 米 ×5 米探方 7 个，城南 20 多米处开探方 11 个。出土汉简 360 枚（据后附发掘简报称，出简 360 枚，其中有字简 342 枚，但所谓一些无字简只是当时无法看清楚，后来用红外线扫描，发现还是有信息）。这批汉简的内容十分重要，或许对玉门关址的探索以及对两汉玉门关的功能性质研究具有重要价值。从 1998 年至今已经二十多年了，二十多年来，我们一直致力于这批汉简的整理发表，陆陆续续做了一些工作。其间敦煌博物馆的付立诚、赵志英、石明秀等历任馆长都给予全力支持和配合。早在 2003 年全国文物信息化之后，付立诚馆长就把他所拍摄的汉简照片发给我们，经过初步整理释文，已交中西书局排出大样，但总觉得资料不够齐全，照片效果不尽理想，因而一直拖了下来。2014 年 7 月 18 日，我和我的同事杨眉同志带了照相设备和红外扫描仪器专程前往敦煌，在敦煌博物馆同志的配合下，重新进行了拍照和扫描。这次编排整理，在过去释文的基础上，参照杨俊同志的编号和释文初稿，又进行了反复校释。对杨俊同志的《玉门关遗址发掘简报》作了必要的技术处理和删节，附于《玉门关汉简》书后。当然，错释漏释之处在所难免，一些疑难字迹和片段，还需继续关注。

敦煌玉门关出土文书

二

　　敦煌博物馆收藏了近119枚悬泉汉简，分别采集于1987年至1990年。1991年由甘肃省文物考古研究所编辑出版的《敦煌汉简》（中华书局，1991年）和《敦煌汉简释文》（甘肃人民出版社，1991年）收入1987年至1989年在悬泉遗址的采集简64枚（1290—1353）。何双全《敦煌新出简牍辑录》（李学勤主编《简帛研究》第一辑，法律出版社，1993年）将1353号简列入后坑墩，另收录6条悬泉采集简的释文，标为89DXC:64—69。吴礽骧《中国简牍集成》（敦煌文艺出版社，2001年）第三、四册所收悬泉采集简中亦照录了上述内容。此次整理时，对1353号简照录原书原号，同其他已在1991年《敦煌汉简》中收录的零散简一起，归入第四部分。对何、吴后来附加的6枚简，因未见到原简，缺图版，未予收录。俟日后找到原简同其他悬泉汉简一并刊出。

《玉门关汉简》把1990年在悬泉置遗址采集并收藏在敦煌博物馆的50枚散简收入第二部分。是年十月，悬泉置的发掘已经开始。正式发掘过程中亦采集到部分散简，一共89枚，收藏在甘肃简牍博物馆。为了悬泉汉简整理编号的统一和衔接，本书将收录的敦煌博物馆所藏50枚采集简接续甘肃简牍博物馆所藏89枚之后，统一编为90DXC:90—139。这批简牍同上述第一部分一样，是本书首次公布的新材料。

三

长久以来，在敦煌地区一些烽燧遗址，考古人员陆续发现和出土了很多零散汉简。一部分已收录在1991年出版的《敦煌汉简》中，但还有一部分或者当时未能收录，或

《玉门关汉简》书影

者为日后发现，总共有十多个批次。1990年采集的50枚悬泉简，前已述及，作为本书第二部分。但还有其他地点出土的一些零散简，一共80枚，作为本书第三部分。编号照录敦煌博物馆馆藏号，冠以"DB"表示敦煌博物馆。没有馆藏号者，依出土的时间地点变通处理，另行编号。其中包括：

一、条湖坡4枚（DB139—142），1988年出土，地点在玉门关以东16千米的波罗湖边上，西距朱爵燧1.2千米，地理坐标北纬40°25′16.60″，东经94°1′31.70″。

二、人头疙瘩10枚（DB145—154），1988年出土。

三、玉门关采集1枚（DB157），1990年采集。本来当时一共采集3简，其中两简收入《敦煌汉简》，编号为1239、1240。但不知何故，尚有一简未收录，这次补入。

四、东碱墩采集2枚（DB165、DB294）分别采自1987年和2000年。出土地点东碱墩在敦煌市区东北38千米，悬泉置遗址西北39千米。坐标北纬40°25′35.60″，东经94°55′9.30″。

五、高望燧采集1枚（DB237），1991年采集，地点在河仓城以东33千米处，北纬40°25′45.00″，东经94°21′22.20″。

六、酥油土出土封检1枚（DB244），1992年采集，其地在河仓城以东13.5千米处，北纬40°26′22.30″，东经94°7′24.10″。

七、盐池墩 1 枚（DB296），2000 年采集。出土地点盐池墩在玉门关西北 3 千米处，北纬 40° 22′ 44.30″，东经 93° 50′ 48.00″。

八、贼庄子采集 6 枚（DB676—681），2009 年采集。

九、湾窑南墩采集简 2 枚。因没有馆藏号，本书收录时单独编号，冠以"DWYD"，表示出土于敦煌湾窑墩南。

十、清水沟出土 41 枚简，1990 年 4 月出土，地点在榆树泉盆地河北三墩，其中清水沟墩的坐标是北纬 40° 21′ 43.50″，东经 93° 18′ 16.20″。清水沟所出 41 枚简中，"地节元年历谱"27 简编连一起，敦煌博物馆编一个号"DB238"，其余 14 枚有照片者 5 枚，未见实物而缺照片者 9 枚，依据敦煌市博物馆《敦煌清水沟汉晋敦煌遗址出土文物调查及汉简考释》（李学勤主编《简帛研究》第 2 辑，法律出版社，1996 年）一文的释文顺序排出，冠以"DQSG"，表示出土于敦煌清水沟。另有 1 枚上文未收的断简，但有收藏号并注明出土地点在清水沟，附在最后。总数即为 42。

十一、2008 年，在敦煌一棵树采集汉晋简牍 10 枚，其中汉简 8 枚，晋代简牍 2 枚。出土情况和简牍内容虽有专文介绍[1]，但因没有馆藏号，本书收录时重新编号。冠

---

[1] 杨俊《敦煌一棵树汉代烽燧遗址出土的简牍》，《敦煌研究》2010 年第 4 期；李岩云《敦煌西湖一棵树烽燧遗址新获简牍之考释》，《敦煌研究》2012 年第 5 期。

以"DYKS",表示出自敦煌一棵树烽燧。地点坐标为北纬40° 07′ 43.10″,东经93° 14′ 10.20″。

上述 11 个批次的汉晋简牍,诸如条湖坡、人头疙瘩、清水沟、一棵树等地所出简牍,过去虽有零星文章介绍过,但都没有清晰的照片和完整准确的释文。此次把所有零散简牍集中收入本书,红外、彩色照片和释文同时出版,亦属首次。

四

1991 年由甘肃省文物考古研究所编辑出版的《敦煌汉简》,力图在整理出版 1979 年发掘的马圈湾汉简的同时,收罗历年来在敦煌境内出土的所有汉简,汇为一书,为学术研究提供一个完整的读本。书中除收录马圈湾汉简1217 枚,还收录了 1949 年以后敦煌地区十多个批次出土的所有零散汉简 213 枚、1977 年玉门花海出土的 91 枚,以及 1949 年以前出土的四批汉简 963 枚(其中包括斯坦因第二次中亚考察所获敦煌汉简 703 枚、第三次中亚考察所获 194 枚、1920 年代敦煌驻军周炳南所获 17 枚、1944 年西北科学考查团成员夏鼐在敦煌玉门关附近发现的 49 枚)。

但是,由于技术条件的限制,书中一些图版模糊不清,相应的释文不尽准确,图版释文的编排亦不够科学。

随着近些年来数码技术、红外线技术以及印刷技术的发展，利用新技术、重新整理这批汉简已显得十分必要。2013年，我们出版了《敦煌马圈湾汉简集释》（甘肃文化出版社出版），对《敦煌汉简》一书所收第一部分1217枚马圈湾汉简进行了重新整理，无论是图版、释文还是编辑排版的水平等方面都有了大幅度提高。此次出版《玉门关汉简》，我们又将未经整理的213枚汉简（1218—1430）作为本书第四部分收入其中。为了简号的统一和研究征引的方便，一仍《敦煌汉简》的原有编号，不再自编新号。

重新整理的这部分汉简，红外和彩色图版同时呈现，释文和原图如影随形，尤其重要的是释文水平有了很大提高。举两个例子，1298号简原释文：

马以节属吏用传及将兵吏边言缘人惊……

□武皇帝一元鼎六年九月辛巳下凡六百　　☑

所令

本书的释文为：

马以节若使用传信及将兵吏边言缘以惊闻献廿实驾者四得□兵以□负其以厩令使

孝武皇帝元鼎六年九月辛巳下凡六百一十一字

厩令

原释 34 字，今释 55 字，不仅多释出 21 个字，而且将"所令"改释为"厩令"，其意义不仅仅在于一个字的正误，还在于为研究者提供了新的广阔视野。而"所令"一词则不知所云①。

1301 号简原释文：

神爵二年十一月癸卯朔乙立县泉啬夫□□敢言之爰书厩御千乘里畸利课告曰所葆养传马一匹骓牡□□□□□□二□为六尺一寸□□□□送□四五乘至莫安病死即与御张乃始＝治定药期马死□定毋病□□索□病死审澄之它如爰书敢言之

本书的释文：

神爵二年十一月癸卯朔乙丑县泉厩佐广德敢言之爰书厩御千乘里畸利辩告曰所葆养传马一匹骓牡左剽久生腹齿十二岁高六尺一寸□□敦煌送日逐王东至冥安病死即与御张乃始乚泠定杂诊马死身完毋兵刃木索迹病死审证之它如

<hr>

① 何双全《敦煌新出简牍辑录》一文将"所令"改释为"庇令"。

显而易见，原释和今释，不仅在于释读的正误、认读的字数多少、全句的贯通理解等方面有区别，而且更重要的还在于后者引出一件"日逐王归汉"的重大历史事件，其价值和意义自不待言。诸如此类，所在多有，相信读者会自见高下。因此本书第四部分，亦属重新整理之新成果。

当然，经过两千多年的岁月洗磨，很多简文都已模糊不清，正确释读每个字词，还需一个长期的过程。我们的重新整理虽说比过去有很大提高，但错误阙失亦在所难免，还望学界同仁批评指正。

2019 年 5 月 22 日

原载张德芳、石明秀主编《玉门关汉简》，中西书局，2019 年

---

① 此简的释文，此前已有胡平生《匈奴日逐王归汉新资料》（《文物》1992 年第 4 期）、何双全《敦煌新出简牍辑录》（《简帛研究》第一辑，北京：法律出版社，1993 年）、吴礽骧《中国简牍集成》第四辑（兰州：敦煌文艺出版社，2001 年），都对原文有大幅度改释和补释。

《悬泉汉简》前言

悬泉汉简，出自悬泉置遗址。

悬泉置遗址的位置在今敦煌市以东60千米、瓜州县至敦煌市瓜敦公路南侧1千米的山前地带，北纬40°15′53.02″，东经95°19′45.61″。

北面由近及远，8千米处是甜涝坝，15千米左右是西沙窝，大约36千米处是自东向西流淌的疏勒河下游河道，汉塞烽燧横贯其中。

南面有三危山余脉乱山子和截山子形成的天然屏障。遗址南部1千米左右的山涧中，有泉水流出，终年不断。按照汉简的记载，东面大约30千米处有鱼离置、西部30千米处有遮要置，都是汉晋时期分布在山前地带东西大道上的驿置机构。

"悬泉"一名的出现，大概早于悬泉置的设置。根据《凉州异物志》的记载："悬泉水，一名神泉，在酒泉县东一百三十里，出龙勒山腹。汉贰师将军李广利伐大宛还，士众渴，乏水，广利乃引佩刀刺山，飞泉涌出，三军赖以获济。今有祠甚严，郡侯岁谒。"[1]清代学者张澍在所辑《凉州异物志》的序言中推测，《凉州异物志》应为汉晋时敦煌人宋膺所作，与史书多有征引的《宋膺异物志》同为一书。上面的记载虽然附会了太初年间（前104—前101）李广利伐大宛的故事，还衍出"酒泉"二字，但大致可以肯定，李广利伐大宛之后、悬泉置设置之前，"悬泉"一名就已出现在敦煌一带。后来北魏人阚骃的《十三州志》、唐人李吉甫的《元和郡县图志》、敦煌遗书 P.2005《沙州都督府图经》、北宋人乐史的《太平寰宇记》以及清人在道光年间所修《敦煌县志》，都曾抄录了上述记载。只是删去了"酒泉"二字并将其系之于敦煌县之下。

汉晋时期，"悬泉置"设置于此，悬泉一名频繁出现于几万枚汉简之中。《续汉书·郡国志》敦煌郡下刘昭注引《耆旧记》曰："国当乾位，地列艮墟，水有县泉之神，山有鸣沙之异，川无蛇虺，泽无兕虎，华戎所交，一都会也。"刘昭是南朝梁人，去古未远，知道此地是两汉时期的一大名胜，同悬泉置一名在此前后的流播应该有很大关系。

隋唐以后，根据敦煌遗书和吐鲁番出土文书的记载，此地曾设过悬泉乡、悬泉驿、悬泉镇、悬泉堡、悬泉守捉

---

① 张澍辑《二酉堂丛书》本，《丛书集成初编》第3024本。

等等。唐五代时期，悬泉乡是敦煌县十四乡之一、悬泉驿是当时十九驿之一、悬泉镇是曹氏归义军时期八镇之一、悬泉守捉亦为开元年间的重要军事驻地。《后汉书·盖勋传》李贤注敦煌广至县："故城在今瓜州常乐县东，今谓之县泉堡是也。"根据敦煌遗书S.514《沙州敦煌县悬泉乡宜禾里大历四年手实》的记载，此地当时还有稠密的人口和大量的可耕土地，足可说明隋唐五代是继两汉以后悬泉地区的又一个繁荣期。

1987年全国文物普查之际，敦煌市、安西县（现改名为瓜州县）文物普查小组相继在安敦公路甜水井道班东约3千米处的三危山北坡发现散落的陶片和残简。由于当时此地的归属不清，敦煌和安西两市县出现了边界争议，安西县博物馆张淳率先到泉水出露处的山涧石崖上书写了"贰师泉"三字，落款为"安西文物普查队"，时间为1987年4月25日。根据时任敦煌博物馆馆长荣恩奇《敦煌悬泉置遗址的发现》记载，敦煌文物普查队荣恩奇、韩耀成、朱群、何建明、张生恒等一行五人于1987年11月26日到悬泉置所在地并发现了悬泉置遗址。当年12月15日来此试掘，得汉简62枚，其中有"效谷县泉置啬夫光以亭行"的签牌①。

---

① 荣恩奇《敦煌悬泉置遗址的发现》，载荣著《敦煌之谜》，北京：中国戏剧出版社，2011年。

1988 年，甘肃省文物考古研究所所长岳邦湖率领何双全会同敦煌市博物馆荣恩奇、韩耀成、张玉茂、张生恒以及安西县博物馆张淳、李春元、李宏伟等人来此进行调查，勘查确定了遗址范围、性质、时代等相关问题。

1990 年下半年报经国家文物局批准，从 1990 年 10 月开始由甘肃省文物考古研究所会同敦煌市博物馆进行了正式发掘，经过三个年度四次发掘，至 1992 年年底发掘结束。

第一次发掘从 1990 年 10 月 20 日开始到 1991 年元月 10 日，历时两个多月，工地负责人为何双全；第二次发掘从 1991 年 9 月开始至当年 12 月结束，历时近三个月，工地负责人为阎渭清；第三次、第四次发掘分别进行于 1992 年 3 月至 6 月和 8 月至 12 月，前后历时八个多月，工地负责人为吴礽骧。但 1992 年下半年即 8 月到 12 月的第四次发掘中，吴礽骧因出国等原因未到工地，主要发掘工作由柴生芳、毛瑞林、李永宁等人完成。

三年之中，甘肃省文物考古研究所先后参加过发掘的同志有：柴生芳、戴春阳、何双全、李永宁、马更生、马建华、毛瑞林、庞述森、蒲朝绂、水涛、田健、王辉、吴荭、吴礽骧、阎渭清、张俊民、周广济等（依姓氏拼音排列）。此外还有敦煌市博物馆配合发掘的多位同志（详细经过可参看当时主持业务工作的副所长戴春阳《大漠雄风，丝路瑰宝》一文）。1991 年，悬泉遗址的发掘工作被评为

"全国十大考古发现"之一和"八五"期间"十大考古发现"之一。

遗址面积22500平方米，开5米×5米和10米×10米两种探方141个。清理出坞院一座，大约50米×50米，坐西向东、土坯砌筑。发掘房屋29间以及院东院南的附属建筑。坞院西南有魏晋烽燧一座迭压于汉代遗址之上，7米×7米左右，高1米。出土遗物中文献纸张类有汉简三万五千余枚（有字简二万三千余枚，经过整理编号者一万八千余枚）。帛书10件，纸文书10件，墙壁题记1块，毛笔4支，麻纸460余件。生活用品类有竹木漆器、草编器、皮革和丝、毛织品六千余件。生产工具230多件，主要为铁制犁、盉、铧、削、镰、锛、铲、刀等。其他还有五铢钱、新莽钱币、车马器残件、木梳木篦、玩具、印章、封泥等；农作物有大麦、粟、糜、豆、苜蓿、大蒜、核桃、胡桃、杏核等，还有大量马、牛、羊、骆驼、鸡、狗、兔等家畜骨骼。各类罐、盆、甑、瓮等灰陶片三万余件。

1992年发掘工作结束后，1993年便进入了漫长的室内整理。主要是拆包、清洗、缀合、编号、登记、描形、释文等等，将有关尺寸、质地、形状、类型、完残程度、文字内容、时代纪年、呈现格式等依照每简编号记入档案。此项工作一开始由吴礽骧主持，吴礽骧退休后由何双全主持，到2001年后由张德芳主持。先后参加整理释读的有：

甘肅簡牘博物館
甘肅省文物考古研究所
陝西師範大學人文社會科學高等研究院
清華大學出土文獻研究與保護中心 編

懸泉漢簡

張德芳題

中西書局

壹

上

《悬泉汉简》书影

吴礽骧、何双全、张德芳、柴生芳、张俊民、毛瑞林、马建华、魏怀珩、薄朝绂等人。

　　2002 年 11 月至 2003 年元月，张德芳组织国内简牍研究专家胡平生、谢桂华、李均明一起来兰州，同岳邦湖、初世宾、何双全、张俊民、王元林一起在原释文初稿的基础上，对简文进行重新校释，参加此项工作的还有西北师范大学简牍学专业的在读研究生。李均明先生背来了他们自己改装的简易红外线阅读器，兰州方面依样画葫芦拼装两台，三个组每组一台，一条一条重新释读。经过改装的红外阅读器虽说简单，但效果大有提高，很多过去一般光线下目力不能看清的字，赫然间清晰可读。两个多月时间里，加班加点，不辞辛苦。元旦过节，大家都在屏幕前，一字一句，争论不休，苦在其中亦乐在其中。后来胡平生先生在一篇文章中谈到："这样一批人，就整体能力而言，可以当之无愧地说，无论是在全国范围内还是全世界范围内，都算是释读西北简牍能力最强的班子。经过这个班子'过滤'过的释文，虽然不能保证完全没有错误，但至少可以说，已经把错误降低到最低的程度。"[1] 说明整理人员的释读水平和先进的技术设备同等重要。

---

[1] 胡平生、李天虹《长江流域出土简牍与研究》，武汉：湖北教育出版社，2004 年，第 657 页。

再后来，我们购置了进口的红外线扫描仪，把所有汉简全部扫描一过，用扫描的高质量照片在计算机上反复释读。这次出版的《悬泉汉简》，就是在这二十多年的漫长过程中，伴随着科学技术的不断发展和我们释读水平的不断提高而形成的。

岁月流替，人事变迁。当年甘肃省文物考古研究所简牍研究室承担的任务，转而落到了2007年成立的"甘肃简牍保护研究中心"的肩上。2012年随着"甘肃简牍博物馆"的成立，此项工作又成了甘肃简牍博物馆的重要任务。我个人从1993年参加悬泉汉简的整理释读以来，到2001年担任甘肃省文物考古研究所副所长并主要负责全部秦汉简牍的保护整理，再到2007年担任甘肃简牍保护研究中心主任兼考古研究所副所长，进而到2012年担任甘肃简牍博物馆馆长以来近四分之一世纪的时间里，始终承担了甘肃出土简牍整理、保护、研究以及立项建馆的艰巨任务。

当年参加调查和发掘初期负责这项工作的岳邦湖所长、主持过后期发掘并最初主持整理工作的吴礽骧先生、参加过部分发掘和整理工作的蒲朝绂先生、魏怀珩先生、周广济先生、对西北历次出土简牍的整理释读有着卓越贡献的谢桂华先生都已先后作古。自始至终参加了悬泉发掘和部分整理工作的柴生芳先生，在担任临洮县长期间由于劳瘁过度而以身殉职。对他们的逝去，我们表示深切的怀念。对在这个漫长过程中作出过贡献的每一位同志，表示深深的感谢。

李学勤先生生前曾始终关心西北简牍的整理研究并给予多方面指导帮助，他曾殷切期望清华大学出土文献研究与保护中心同甘肃简牍博物馆加强多方面合作，发挥各自优势，加快西北汉简的整理出版及全方位研究。他认为西北汉简的整理出版，必将给当下的学术研究带来新的学术增长点。

甘肃省文物局局长马玉萍同志始终主张开放、合作、扬长避短、发挥优势。提倡甘肃文博部门同大专院校和科研单位，消除畛域，广泛合作，把甘肃的文博事业不断向前推进。在此理念的支配下，近年来甘肃秦汉简牍的整理出版取得了重大成就。到目前为止，甘肃所出秦汉简牍，除悬泉汉简，其余已全部整理出版，为学术界提供了最新的出土资料。感谢马玉萍局长始终一贯的支持。

此次出版前的继续整理与再整理，仍由张德芳负责主持，在过去工作的基础上，由甘肃简牍博物馆、甘肃省文物考古研究所、陕西师范大学人文社会科学高等研究院、清华大学出土文献研究与保护中心四家单位合作完成。感谢四家单位的领导在此过程中提供的全力支持。

悬泉汉简18000枚，拟分八册出版。每册收原简约2300枚，红外图版和彩色图版同时呈现，释文紧随其后。第一卷由中西书局于2017年排出大样后，张德芳曾先后组织南开大学教授杨振红、中国社会科学院简帛研究中心主任邬文玲、中国文化遗产研究院古文献研究中心副主任杨小亮、西北师范大学历史文化学院副教授李迎春、兰州城市学院副教授马智全、武汉大学在读博士生姚磊、西北师范大学在读博士生孙富磊和甘肃简牍博物馆副研究员肖从礼等人进行了校改和缀合。

2019 年 9 月 13 日至 16 日，上述合作单位邀请国内古文字学界、简牍学界、秦汉史学界和敦煌学界的专家学者齐聚敦煌，召开了《悬泉汉简（壹）》整理校稿暨审稿定稿学术研讨会，各抒己见，集思广益，对《悬泉汉简》第一册进行了认真细致的整理校改和审稿定稿，实际上仍为整理再整理的最后阶段。

参加最后整理的专家学者分别是：清华大学出土文献研究与保护中心黄德宽教授、李均明教授、侯旭东教授、刘国忠教授、郭伟涛助理教授；中国人民大学国学院王子今教授；南开大学历史文化学院杨振红教授；中国历史研究院简帛研究中心邬文玲研究员；中国文化遗产研究院胡平生研究员、刘少刚研究员、杨小亮副研究员；陕西师范大学人文社会科学高等研究院沙武田教授、李胜振副教授；西北师范大学科学研究院韩高年教授及历史文化学院李迎春副教授；兰州城市学院马智全副教授；甘肃简牍博物馆张德芳研究员、杨眉副研究员、樊钧特聘研究员；敦煌市博物馆原馆长傅立诚、现任馆长石明秀；敦煌阳关博物馆馆长纪永元；中西书局秦志华社长及田颖、徐衍两位责任编辑。会后，马智全和李迎春对各位专家的意见进行了整理和吸收。

全书彩色照片和红外照片的拍摄以及简文的录入，由张德芳完成。

2019 年 10 月 20 日，于甘肃兰州简牍馆

原载《悬泉汉简（壹）》，中西书局，2019 年

第三辑　整理研究札记

悬泉汉简的历史与学术价值

1990—1992 年在甘肃河西走廊发掘的悬泉置遗址，出土汉简两万三千余枚，其他各类遗物六千余件以及各类陶器残片三万余件。就出土汉简而言，是继斯坦因 1907 年与 1914 年两次中亚考察在敦煌汉塞发现的敦煌汉简、20 世纪 30 年代中瑞西北科学考查团发现居延汉简之后，又一次重大发现。悬泉汉简与出自边塞烽燧的敦煌和居延汉简不同的是，悬泉置是当时一座官方的邮驿接待机构，而且坐落在中西大道的必经之地，其功能性质的特点决定了遗留下的简牍文书主要属于丝绸之路上东西交往的记录，对我们研究两汉时期西北边地的政治、经济、军事、文化，尤其是邮驿交通、民族社会、中原与西域乃至地中海沿岸古代国家的关系以及丝绸之路上中西文化的交流至为重要。下面择其要者概括叙述：

一、悬泉置遗址是迄今为止发现的规模最大保存最为完整的古代邮驿接待机构，是两汉丝路繁荣的标志

悬泉置遗址坐落在今天瓜州、敦煌两县市的交界处，准确坐标为北纬40°15′54″，东经95°19′45″。南面是三危山余脉火焰山，山涧有悬泉水汩汩流出，两千年来依然如故，至今涌流不断。北面有疏勒河流过，并有从东到西的汉塞和烽燧以为北部屏障。悬泉置的全称应为"敦煌郡效谷县悬泉置"，从全称中可以看到它的隶属关系。基本设施为一座50米×50米用土坯砌筑的院落，院内有28间大小不等的房屋，院外还有马厩等一些附属建筑。编制为"官卒徒御"37人，定额员马40匹，传车10—15辆。此外还有牛车3—5辆，养牛若干。有悬泉置啬夫负责全面工作，另有悬泉置丞、置佐以为副贰，协助工作。其他附属机构还有悬泉厩、悬泉厨、悬泉传舍、悬泉邮、悬泉驿等等。功能和职责主要是传递朝廷公文和军情急报，接待过往的各级官员和西域使者。按照汉简的记载，像悬泉置这样的机构，在当时的敦煌郡东西300千米的交通线上分布有9座，依次是渊泉置、广至置、效谷置、鱼离置、悬泉置、遮要置、龙勒置（可能还有玉门置和冥安置），每30千米一处。按照里程简的记载，两汉时期的丝绸之路从长安（洛阳）到敦煌的路线应该是经今陕西兴平

县境之茂陵、过乾县、永寿、彬县进入泾水流域，再经长武进入甘肃东部的平凉和宁夏南部的固原，再进入甘肃靖远、景泰，横穿武威、张掖、酒泉，到达敦煌。从长安到敦煌的丝绸之路东段路线，里程简中记载了46处（包括敦煌郡的9处）停靠站点。而这些停靠站点的每一处都应具有类似悬泉置这样的功能和规模设施。正是这些沿途的馆舍邸店，保障了两汉丝绸之路的畅通和繁荣。有学者认为，丝绸之路是网状形的，纵横交错可以随意行走。其实不然。在当时的交通条件下，没有这些保障设施，像丝绸之路这样的长距离交通是难以想象的。通过对悬泉置的解剖，我们可以看到这46个停靠站点的整体形象，它是当时丝绸之路得以畅通的基本保障，是汉帝国综合国力的集中体现。不光在西北边疆，而且在内地，在东北，在南海，在西南，像悬泉置这样的机构广泛分布，保障了汉王朝对内地和边疆的有效管理。

二、悬泉汉简中对西域的记载，是研究两汉与西域关系的实时记录和原始档案

历史上狭义的西域主要指阳关以西到葱岭以东，昆仑山以北到巴尔喀什湖以南，有200多万平方千米的土地。按照《汉书·西域传》的记载，西域地区最初有36国，后来分为50多国。悬泉汉简中有其中30多个国家的记载，

主要是朝廷派官员出使或者上述国家的人员往来京师路过悬泉置的记录。西域来汉的人员中有国王、王后、使者、副使、质子、贵人、部落酋长、随行人员等等。来汉的目的有受封、朝贡、纳质、通使、和亲、学习、游历等等。

50多国中，有48国属都护管辖，其中南道17国，中道15国，北道16国。另有罽宾、乌弋山离、安息、大夏、大月氏、康居、身毒等7国，在今中亚、西亚和南亚地区，"不属都护"。南道17国主要分布在昆仑山北麓和塔克拉玛干沙漠南缘，其中楼兰（鄯善）、且末、小宛、精绝、扜弥、渠勒、于阗、皮山、莎车、蒲犁等10国，汉简中有记载。中道15国，从东往西分布在塔克拉玛干沙漠北缘和天山南麓。渠黎屯田和西域都护府就在这条线上。汉简除对西域都护的活动有大量记载外，还对山国、危须、焉耆、尉犁、渠犁、乌垒、轮台、龟兹、姑墨、温宿、疏勒、大宛等12国有程度不同的记载。北道16国，乌鲁木齐以西至伊塞克湖等辽阔地域是乌孙的游牧之地，乌鲁木齐以东从东到西是车师六国和其他小国。北道诸国中乌孙最为大国，有户12万，有口63万，胜兵18.8万。张骞第二次出使西域主要的目的地就是乌孙。汉对匈奴的节节胜利实际上伴随了汉与乌孙的出使、和亲、结盟、分封的历史过程，三者的关系深刻影响了西域历史的发展。汉简中关于汉与乌孙的和亲、公主回返、长罗侯常惠多次出使、赤谷城屯田、冯夫人锦车持节完成朝廷使命、乌孙大小昆弥分立以致分别到京师朝拜，都有相当具体的记载。另外汉简中关于车师的记载也极为重要，比如车师前国在交河城，是进入西域的东部门户，汉与匈奴曾有过"五争车师"的战役，战略地位十分重要。汉元帝初元元年（前48）派戊己校尉屯田车师，从此掌握了控扼西域的主动权。车师屯田、伊循屯田和渠犁屯田以及在乌孙的赤谷城屯田，形成了西汉在西域的驻兵和屯田格局，有力地保障了西域的稳定和丝绸之路的畅通。

总之，汉简中关于上述 30 多个西域国家的记载，对研究历史上汉朝与西域的关系以及它们在丝绸之路上的地位十分重要，对今天总结历史经验，增强民族团结、保持边疆稳定和维护祖国统一，都具有十分重要的现实意义。

三、悬泉汉简中关于中亚各国和西亚、南亚的记载，是"一带一路"倡议的历史源头

大宛，张骞出使的第一个西域国家，地处费尔干纳盆地，属今乌兹别克斯坦，也包括吉尔吉斯斯坦和塔吉克斯坦部分地区。根据近些年的考古发现，早在公元前 8 世纪以来，该地就有比较发达的农业和水利灌溉，有完整的城市设施，属农耕定居的城郭之国。据说亚历山大东征时曾在盆地西面出口处的列宁纳巴德（苦盏）修建过亚历山大城，希腊文化的影响已经辐射到了盆地之中。张骞到来之

前，这里已是东西文化的交汇点，也是汉唐丝绸之路的重镇。汉简中关于大宛的记载，是我们研究这段历史和关系的重要资料。

康居，张骞出使的第二个国家，地处锡尔河北岸，大部属今哈萨克斯坦，势力强盛时可能包括了今天乌兹别克斯坦的布哈拉、撒马尔罕、塔什干等农耕地区，亦为当时丝绸之路上的中亚大国。汉简中关于康居的记载极为丰富，不仅是我们研究汉与康居关系以及两汉丝绸之路的重要依据，亦是今天的中亚各国尤其是哈萨克斯坦研究本国古代历史的重要文献。

大月氏，战国秦汉之际，分布在阿尔泰山以东、蒙古高原西部，东达黄河沿岸，势力远超匈奴。后来因势力衰弱受到匈奴的压迫而逐步西迁，先迁伊犁河流域，再迁阿姆河流域，最后臣服阿富汗北部的大夏（巴克特利亚）而定居于此。张骞第一次出使就是要联络大月氏共击匈奴。大月氏虽然未能按照汉朝的意图东返故地，但它在阿富汗北部和土库曼南部定居后得到逐步发展，在此基础上形成的贵霜帝国成为丝绸之路上与罗马、波斯、汉王朝并列的四大帝国之一。悬泉汉简中关于大月氏的记载，主要反映了贵霜帝国建立以前在公元前后各半个世纪里大月氏及其所属五翖候的情况。这段时间在中亚史上由于资料的缺乏而被称之为"黑暗时代"，悬泉汉简的材料则是这段黑暗时代闪烁的星空。

乌弋山离，是安息东部德兰努亚那和阿拉科西亚两个行省的地盘，以阿富汗南部的坎大哈和锡斯坦为中心，西到兴都库什山，东到克尔曼沙漠，实际上地跨阿富汗和伊朗两境。悬泉汉简中关于乌弋山离来汉的记载，说明汉朝与西亚的关系已远达伊朗高原。

罽宾，是大月氏西迁中亚后迫使塞人南迁建立的一个国家，在今巴基斯坦西北部的塔克西拉（怛叉始罗）。此地虽四面环山，但山间盆地的自然环境良好，是今天巴基斯坦的工业基地，也是两千多年前的佛教圣地。根据史籍和汉简的记载，地处南亚次大陆的罽宾，早在两千多年前就同汉朝有了相对固定的来往关系。

四、汉简中关于佛教的东来和儒家经典等汉文化的西传，是东西文化交流的典型反映

悬泉汉简中"浮屠简"的发现，说明大致在公元一世纪的后半期，佛教已经传到了敦煌。由此说明佛教的传播是一个经西域到敦煌、再到中原的过程，而非直接越过敦煌到了内地，这对研究佛教在西域和中原的最早传播是重要的参考坐标。悬泉汉简中关于《论语》《孝经》的残片以及其他如《仓颉篇》《急就篇》等识字课本的发现，是汉文化西传的有力证据。结合武威出土的《仪礼》简和罗布泊出土的《论语》简，再结合 1990 年在朝鲜半岛平壤

贞柏洞 364 号墓出土的《论语》和《乐浪郡初元四年县别户口集簿》，可以看到，西汉武帝以后，对边疆地区的开拓和管理不仅采取了一系列军事外交和政治经济措施，还伴随着文化上的积极进取。

悬泉汉简的内容十分丰富，涉及的领域也极为广泛。随着整理工作的告竣和全部资料的公布，必将引发一个深入研究的高潮。目前的研究只是开始，上面的介绍只限于几个侧面。

原载《光明日报》，2019 年 2 月 13 日

西北汉简一百年

在造纸术发明之前，世界各文明古国就已经有了几千年的文字传承和文明发展。在这一过程中，埃及人用纸草，两河流域用泥板，印度人用贝叶，中国人则用竹木简牍。我们今天看到的甲骨文、金文，前者用于王室的占卜，后者则主要镌刻在铜器上。而简牍文书，在我国历史上曾有过多次重要发现，但年湮代久，未曾把实物保存下来。直到20世纪初，随着楼兰、尼雅汉晋文书和敦煌汉塞简牍文书的发现，才使我们对竹木简牍的形制、规格、样式和文字内容有了直观的了解。

一个世纪以来，包括北京、内蒙、河北、河南、安徽、湖南、湖北、四川、广西、广东、山东、江苏、江西、陕西、甘肃、青海、新疆在内的17个省、自治区、直辖市都曾发现了不同时代的简牍和帛书。上海博物馆、香港中文大学、清华大学、北京大学、岳麓书院和浙江大学等文博部门和大专院校还有数量不等的收藏，其总数超过二十六万件。简上书写的文字除汉文外，还有佉卢文、婆罗迷文、粟特文和后来的吐蕃文等等，简牍内容除了一百多部典籍文献外还有大量的社会经济文书，根据时间分为楚简、秦简、汉简、吴简、晋简等等以及各时代的出土帛书。

西北地区地处祖国边疆，是秦皇汉武建立过文治武功的地方，又是丝绸之路和中西交通的重要通道。一个世纪以来在甘肃、新疆发现的大量汉代简牍真实而生动地记载了这一历史的全貌，是研究西北史、秦汉史以及中西交通史的重要资料，并深刻地影响了一个世纪以来的学术研究。

一、两千年间，中国的历史文化得以保存，竹木简牍作为书写材料和文字载体承担了这一历史重任

简牍的使用年代在古书里很早就有记载。《尚书·多士》有："惟殷先人，有册有典。"甲骨文中的"册"就是简牍用两道编绳联起来的形式，而"典"则是双手奉册之形。殷革夏命，是在公元前 17 世纪。如果这个记载不误，那么早在公元前 17 世纪，竹木简牍就已作为文字的载体进入中华文明的历史长河。这个过程经历了多长时间？ 20 世纪初在楼兰、尼雅出土的魏晋文书中，除了木

简，还有大量纸文书。学术界一般认为，这一现象说明纸张和木简正处在相互交替的过程之中，后者已逐步退出历史舞台。如此看来，从公元前17世纪到公元4世纪的两千多年间，是简牍时代。两千年间，中国的历史文化之所以能够保存下来，中国的古代典籍能够传世，中华民族的智慧和知识能够继承弘扬，是因为竹木简牍作为书写材料和文字载体而得到广泛应用。

当然，甲骨、缣帛、金、石、玉、砖、瓦、陶、玺印、封泥、钱币等等，也都附着了大量文字信息，但它们一般用于一些特殊的场合。只有简牍，才兼具取材方便、制作简易、书写适宜、传递便捷、保存长久等特点，因而成为华夏民族找到的最适合的书写材料。

正如中国古代用于日常交往的文字不是写在甲骨铜器上，而是写在竹木简牍上一样，古埃及用于社会生活的文字也不是写在建筑物的墙壁上，而是写在纸草上。正是这种纸草和留存后世的遗迹遗物共同承载了几千年的埃及文明。纸莎草是尼罗河两岸的特有植物，剥了皮，切成木简一样宽窄，横摆一层、竖摆一层，强力挤压粘合，再浸泡去糖，然后从水里取出晒干，就可以用来写字。埃及人就地取材，找到了这种适合自己的书写材料。公元前3世纪，托勒密一世在亚历山大建起了世界上最大的图书馆，其中收藏的50多万件卷轴书籍就是用纸草写成的。当时许多著名的科学家、哲学家、思想家和艺术家都曾来这里读书、研究、讲学，成就了他们科学事业的辉煌。而亚历山大图书馆和那些用纸草制作的书籍，就成了古代世界智慧的宝藏和文明的灯塔。

现在战火纷飞，硝烟弥漫的两河流域，在古代却有着无与伦比的灿烂和辉煌。从公元前 3200 年起，先后出现过苏美尔王国、阿卡德王国、乌尔第三王朝、巴比伦王朝、亚述帝国等等。他们发明的文字叫楔形文字，文字的载体就是泥板。用削尖了的芦苇把文字刻在泥板上，再把泥板晒干或烧干。这种文字看上去像木头楔子，所以叫楔形文字。以 1851 年英国"皇家亚洲学会"正式宣布贝希斯敦铭文释读成功为标志，楔形文字释读成功。其中阿卡德文的释读开启了"亚述学"的大门，古波斯文的释读叩响了伊朗学的大门。截至目前，世界各地的博物馆收藏了大约二十六万块刻有楔形文字的泥砖，承载了两河流域和波斯高原的古老文化。

古代印度婆罗门教、印度教和佛教的经典是用梵文写在贝叶上的。贝叶是一种叫贝多罗树的树叶，这种树属棕榈科乔木，盛产于印度、缅甸、锡兰、马来群岛及热带非洲。树叶呈扇状，叶面平滑坚实，可书写经文，人称贝叶或贝多罗叶。《大唐西域记》卷十一就有（恭建那补罗国）"城北不远有多罗树林，周三十余里，其叶长广，其色光润，诸国书写莫不采用"的记载。用贝叶书写的佛经在我国和世界各大寺庙和图书馆都不难见到。

总之，文字是人类文明传承的主要形态，而文字的载体，各民族各地区因时而宜、因地而宜。华夏族选择了竹木简牍，它使中华文明源远流长，绵延不绝。

二、从疯狂盗挖到科学考察，西北简牍的发现与保存分为前后两个阶段

西北简牍的发现以1949年为界分为前后两个阶段。在前一阶段，开始是在清政府风雨飘摇、国势衰微的情况下，外国探险家一批批涌入西北，对大量千年古迹疯狂盗挖，所获文物陆续成了西方列强博物馆的藏品。最早的楼兰、尼雅魏晋文书和敦煌汉简就是在这种背景下与世人见面的。后来是在"五四"以后中国知识界已经觉醒的情况下，由中国学术团体同瑞典探险家斯文·赫定共同组织了中瑞西北科学考查团，从1927—1935年历时八年进行了科学考察，著名的居延汉简就是在这次考察中发现的。

1900—1901年，匈牙利人斯坦因受英国政府派遣进行了第一次中亚考察，在新疆尼雅遗址掘获魏晋汉文木简40余枚和佉卢文木简524枚，法国学者沙畹受斯坦因委托对此进行研究，先发表在1905年的《亚洲人杂志》上，后又正式刊于1907年出版的《丹丹乌里克、尼雅与安迪尔发现的汉文文书》一书中，斯坦因将之附于同年出版的《古代和阗考》一书之后。

1934 年，斯文·赫定和贝格曼在库姆河岸边

　　1901 年 3 月，瑞典人斯文·赫定在楼兰掘获 120 多枚汉文木简和 36 张纸文书以及大量佉卢文木简。他将这批出土文献委托德国人卡尔·希姆莱进行研究，希姆莱去世后，又转交另一位德国汉学家奥古斯特·孔拉第。1920年，孔拉第在斯德哥尔摩出版了《斯文·赫定在楼兰发现的汉文写本及零星物品》，公布了这批文献。斯文·赫定

自己撰写的《我的探险生涯》也记述了楼兰简的发现发掘过程。

1906年4月27日到1909年1月，斯坦因完成了第二次中亚考察。他在新疆重新发掘了拉瓦克窣堵波、尼雅、米兰和楼兰遗址，并于1907年3月22日到5月21日，考察了敦煌附近的长城烽燧，掘获了大量汉简，经沙畹整理释读后于1913年在牛津出版了《斯坦因在东土耳其斯坦考察所获汉文文书》，公布了708枚汉简的释文和图版。2004年7月，英国大英图书馆和伦敦大学联合召开了"斯坦因未刊敦煌汉简国际学术研讨会"。会后由上海辞书出版社出版了《英国国家图书馆藏斯坦因所获未刊汉文简牍》，公布了斯坦因第二次中亚考察时所获敦煌汉简中未曾刊布的2300余枚，可见斯坦因第二次中亚考察时在敦煌掘获的汉简总数近3000枚。

1913年8月到1916年3月，斯坦因第三次考察中亚，重访新疆尼雅、安德悦、米兰和楼兰遗址后，从1914年5月起，经安西到酒泉，前往喀拉浩特。除在敦煌—酒泉一线汉塞烽燧再次挖掘外，还在黑城地区（喀拉浩特）挖掘了大量西夏、吐蕃、回鹘文文书。这次掘获的166枚汉简先交沙畹考释，沙畹逝世后，又转交其高足马伯乐继续工作。其时，中国学者张凤在法国受业于马伯乐，回国时带回了马伯乐存放的斯坦因第三次中亚考察时所获简牍照片和出土编号。1931年，张氏在上海有正书局出版了《汉晋西陲木简汇编》，其中将斯坦因第二、第三次所获简影汇为一编，并对第三次发现的简文作了考释，让国人提前20多年看到了这批简牍的全部内容。而马伯乐的著作《斯坦因第三次中亚考察所获汉文文书》，迟至1953年才在其妻子的多方奔波下得以在伦敦出版。

居延汉简的发现是中瑞西北科学考查团的重要成果。它同此前几批汉晋简牍的发现有着不同的国际国内环境。首先，它不同于清末民初那种外国探险家利用中国政府的昏庸愚昧而随意胡挖滥掘的盗掘行为，而是由章程和协议规范约束的科学考察；其次，考查团团长由中瑞双方共同出任，考查团成员由中外科学家共同组成；再次，考察经费由斯文·赫定筹措，考察成果由双方发表。尤其重要的是所获文物必须留在中国，不许带出国境。考查团的考古学家有瑞典的贝格曼和中国的黄文弼。黄文弼先生曾在楼兰土垠遗址发现汉简72枚，而贝格曼则在居延地区掘得汉简10200多枚，这就是著名的居延汉简，是有史以来出土数量最多且内容十分重要的一次重大发现。两汉的居延地区隶属河西四郡的张掖郡。两汉政府不仅在此先后设置了居延县、张掖居延属国，还修筑障塞烽燧，设居延都尉和肩水都尉屯兵驻守。这10200多枚汉简就是当时管理和驻守此地的军政系统留下的历史档案。

1949年以后，汉简在陕西、青海、新疆等地都陆续有发现，但较为重大的发现大都集中在甘肃，下面分地区叙述之：

武威汉简　　武威简主要包括《仪礼》简、王杖简和医药简。《仪礼》简是 1959 年在武威磨咀子 6 号汉墓发现的，整理者根据内容和形制分为甲、乙、丙三种。甲种本 378 简，有《士相见》《服传》《特牲馈食》《少牢馈食》《有司彻》《燕礼》《大射》七篇，除《士相见》一篇完整外，其余六篇均有缺失。乙种本只有《服传》一篇 37 简，同甲种《服传》内容相同，只是简形短小狭窄，字小而密。丙种本 34 简，《丧服》经一篇。根据陈梦家先生研究，武威简本《仪礼》既不是今文的两戴本，也不是刘向的古文本，而很可能是庆氏礼的一部分，对于我们研究《仪礼》的版本、流变、思想内容和文字训诂具有重要意义。王杖十简也是 1959 年在磨咀子 18 号汉墓出土的，1981 年又在该地发现《王杖诏令册》26 枚，二者互为补充，记录了两汉时期尊礼高年、优抚老人的诏令和案例，是研究古代社会保障制度和伦理关系的重要资料。武威医药简，1972 年出土于旱滩坡东汉墓，共 92 简，包括 30 多个医方，涉及内科、外科、妇科、五官科、针灸科等。总共用药 100 多种，其中见于《神农本草经》者 69 种，见于《名医别录》者 11 种，两书未经记载者 20 多种，是我国医学的重要遗产。

居延新简　　沿额济纳河流域、从金塔到额济纳河下游居延海大约 250 千米的地段，在两汉时期分属肩水都尉

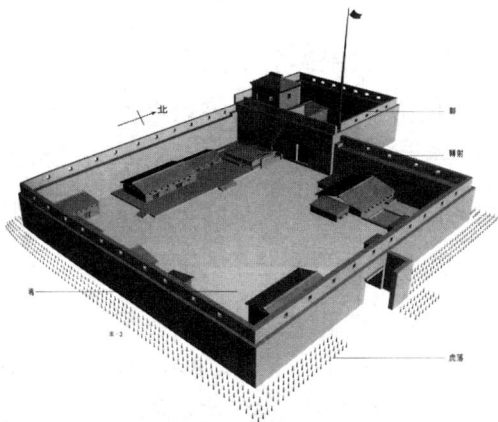

甲渠候官遗址复原图

和居延都尉，20世纪30年代在此发现的汉简通称为居延
汉简。为了区别，我们把1949年以后在该地区发现的汉
简统称为居延新简。居延新简的大宗是1972年—1974年
间在甲渠候官遗址、甲渠塞第四燧和肩水金关三个地点发
掘的。甲渠候官（破城子遗址）出简7944枚，第四燧出
简262枚，肩水金关出简11000多枚，总共近20000枚。
这是居延汉简的又一次重大发现，数量相当于30年代出
土的两倍，而且内容丰富，完整或基本完整的册书就有
70多件。最早的纪年简为昭帝始元二年（前85），最晚为
东汉安帝永初五年（公元111），前后跨越近200年，是
研究这一时期西北地区政治社会和历史文化的第一手资料。
居延简的又一次重要发掘是1999年、2000年、2002年

三年间由内蒙古考古所陆续完成的。发掘地点分别是第七燧、第九燧、第十四燧、第十六燧、第十七燧、第十八燧和察干川吉烽燧 7 处，掘获汉简 500 余枚，其中王莽时期的册书颇为重要，现以"额济纳汉简"命名之。

敦煌汉简　　敦煌简主要包括马圈湾汉简和其他地点零星出土的散简。马圈湾汉简出土于 1979 年 10 月，其地点在敦煌市西北 95 千米的汉塞烽燧遗址。所出 1217 枚汉简中，最早纪年为元康元年（前 65），最晚为王莽地皇二年（公元 21）。这批简中关于出入玉门关的资料为探索玉门关的确切位置提供了新证据；关于王莽用兵西域的记录对研究新莽政权与西域关系具有重要价值。敦煌汉简除马圈湾汉简，还包括其他若干处零星采集和出土的 300 多枚。出土地点分别是后坑墩、小方盘城及其南面烽燧、盐池墩、大坡墩、臭墩子墩、小月牙泉东墩、酥油土、清水沟等等。还有玉门花海出土的 91 枚简，因收入《敦煌汉简》一书，习惯上也包括在敦煌汉简中。

悬泉汉简　　悬泉简是 1990 年—1992 年在敦煌悬泉置遗址发掘的。该遗址共出木简 35000 多枚，有字简 23000 多枚，已经整理编号者 18000 余枚。出土地点在敦煌市以东 64 千米的一处汉晋邮驿遗址。由于数量多，且集中于一个地点，简牍内容又多为邮驿资料和中西交通方面的记载，与纯乎烽燧障塞出土者有所不同，所以习惯上称之为"悬泉汉简"。悬泉汉简就其数量、内容和发掘工作的科学化、规范化而言，都可推许为近百年西北简牍出土之最。简上最早纪年是武帝元鼎六年（前111），最晚为东汉安帝永初元年（107），主要反映这218年及其前后的有关史实。整体内容以中亚西域、邮驿交通、民族关系、丝绸之路、河西地区的历史地理和经济发展为其特色。

甘谷汉简　　1971年12月发现于甘肃甘谷县渭阳乡刘家屲的一座汉墓中，只有23枚。这里是陇中黄土高原，不同于河西走廊的沙漠戈壁，所以将其名之为甘谷汉简。简文内容是东汉桓帝延熹二年一份优礼宗室的诏书，对研究东汉中后期贵族与豪强之间的矛盾有重要价值。

永昌水泉子汉简　　2008年8月在河西走廊的永昌水泉子汉墓中出土木简600多枚，内容主要是《仓颉篇》。其中的章法和句读与过去发现的同类识字教材多有不同，为研究《仓颉篇》的内容、流传和版本提供了新资料。

青海上孙家寨汉简　　1977年出土于青海大通县上孙家寨115号汉墓，共出汉简240多枚。内容主要是兵书、军法、军令类的摘抄和汇编，时代在西汉武、昭、宣时期，是继山东银雀山汉简之后的又一次军事文献的重要发现。

西安汉简　　1980年4月出土于西安未央宫前殿遗址。共出残简115枚，内容主要是医方和病历，还杂有祥瑞的记载。同墓出土王莽时期的货币，汉简的时代当在西汉末年或新莽时期。

1949年以后的60年中，西北简牍除上述8处集中发现外，还有一些零星的发现。比如新疆文博部门和日本学者联合考察楼兰、尼雅时就发现过少量汉简；近年来河西各市、县在文物普查时，也采获过少量汉简。

三、西北汉简是一个历史文化宝藏

西北汉简，是一个历史文化宝藏，而且它是原始记录，是当时留下的文件档案，对我们研究汉代从中央到地方的政治、经济、军事、外交、丝绸之路、民族关系、邮驿交通、科学文化、宗教信仰、社会生活等领域提供了重要的材料，具有极高的科学价值。

（一）为研究两汉西北地区的区域政治和军事管理体系提供了生动翔实的原始记录

汉武帝开拓河西，研究河西的政治历史，光靠两《汉书》的材料是远远不够的，汉简材料无疑是一个极为丰富的宝藏。比如郡县以下诸曹掾、史的设置和职权，《汉书·百官公卿表》和《续汉书·百官志》并没有明确具体的交待，但汉简中提供了用以归纳、概括的丰富记录；除郡县设置外，河西还有张掖属国和居延属国，体现了匈奴降汉后汉朝在边地对少数民族实行的不同于内地的政治制度，而汉简中对属国的丰富记载则补充了传世文献的不足，对研究汉朝的民族关系和民族政策具有重要意义；县以下的基层组织有乡、亭、里、聚，每县有多少，职能如何？过去是不甚清楚的，而汉简则让我们看到了这些基层组织的设置、分布、运行和作用，一个个有血有肉的基层社会；郡县及其以下基层吏员的来源、祖籍、出身、门第、任职资格、任免程序、爵秩俸禄、考课升降、抚恤养老等等，在汉简材料中均有最原始最生动的记录；还有皇帝的诏书、朝廷的公文、郡县官府的文件如何一级一级下达到基层？公文如何签发、如何传递、如何运行，政府的政令如何贯彻，如何监察？汉简中都有极为丰富的实例。

与行政组织相对独立的还有一个军事系统，那就是都尉、候官、候长、燧长。都尉秩级略低于太守，受太守节制。但开府治事，另有自己的运行机制，而且边郡不同于内地。内地大多一郡只设一个郡都尉，但边郡尤其是北部边郡，肩负着防守匈奴的任务，所以敦煌就设有玉门都尉、阳关都尉、中部都尉和宜禾都尉；酒泉则有西部都尉、北部都尉和东部都尉；张掖有居延都尉、肩水都尉和农都尉等等。居延、敦煌汉塞烽燧出土的汉简主要是驻兵屯戍方面的内容，是我们研究汉代军事制度的原始材料。

（二）为研究河西地区的军事防御和汉匈关系提供了第一手资料

汉武帝开通河西后，第一个措施是把内郡人口陆续迁往西北及河西；第二个措施是修筑障塞烽燧，派兵屯驻。河西的障塞分四次从令居（今永登）往西延伸，从永登到酒泉、从张掖到居延、从酒泉到玉门、从玉门到罗布泊。而汉简给我们的知识要比上述传统记载多得多，我们能够清晰地看到从敦煌西部到张掖、再从张掖到居延东西500千米的边防线上城障烽燧的分布和戍卒的驻守。比如居延，这是游牧民族从塞外进入河西的重要孔道，是汉王朝当年屯兵驻守的重点。北边有居延都尉，南边有肩水都尉。而居延都尉之下从北往南分布有殄北候官、居延候官、遮虏候官、甲渠候官、卅井候官等五个候官；肩水都尉之下分布有广地候官、橐他候官、肩水候官、仓石候官、庾候官等。每个候官下面有若干个候部，候部下面有七八个或者十多个烽燧。候部由候长统领，烽燧由燧长负责，每燧有3—4名戍卒，候官相当于今天的副县级干部。通过汉简的记载，两千多年后的今天我们甚至能够确切地知道当时每个烽燧的名称、隶属关系、戍卒人名、守御器装备等等。还有，戍卒的来源、服役时间、日常巡守、粮食供应、武器装备、伤残抚恤等，也都是汉简的重要内容。如烽火报警系统，烽、烟、表、苣火、积薪等五种信号工具，根据敌人来犯的数量、远近、方位如何组合、使用和传递，当时都有最原始的记载留存下来。

（三）为研究两汉的法律制度、律令条文和法律思想提供了具体内容和典型案例

两汉的法律制度和律令条文在传世史籍中没有留下完整的材料。清人薛允升著有《汉律辑存》和《汉律决事比》，沈家本有《历代刑法考》和《汉律摭遗》，稍后的程书德《九朝律考》有将近五分之二的篇幅是《汉律考》。但它们都属于爬梳剔抉、钩沉索隐方面的辑佚工作，不能反映汉律的全貌。近年出土的张家山《二年律令》是汉律方面最集中的材料，此外在西北汉简中有大量这方面的内容可弥补上述不足。比如萧何九篇之律的贼、盗、囚、捕、杂、具、户、兴、厩，都可在其中找到有关条文。再如诏书律、版诏令、捕斩匈奴虏反羌购赏科别、罪人得入钱赎品、烽火品约、大司农部掾条等等，这些律、令、科、品、条、约的具体内容可谓举不胜举。

此外还有一些完整的诉讼卷宗，提供了研究当时诉讼程序和法律制度的生动材料，著名的《寇恩册》就是其中之一。该册共由 36 枚简牍组成，全文 1526 字，是东汉建武初年甲渠候官粟君和客民寇恩发生的一宗经济纠纷的案卷材料。内容包括四个部分：一是建武三年十二月癸丑朔乙卯（初三日），都乡啬夫宫根据居延县转来甲渠候官的文书，对被告寇恩进行传讯的口供笔录，即"乙卯爰书"；二是十二月戊辰（十六日）的另一份爰书，除日期不同外其他内容与前大致相同；三是十二月辛未（十九日）都乡啬夫就此案验问情况给县廷的报告；四是十二月己卯（二十七日）居延县廷对案子的判辞。这样完整的司法文书，对研究当时法律制度的方方面面都具有重要价值。

（四）为研究两汉邮驿制度提供了历史标本

古代的邮驿是人际交往的纽带，是政令畅通的标志，是国家综合国力的体现。那么两汉时期皇帝的诏书是怎么下达、朝廷的公文是怎么传递的？各级官员巡行和出使，外国使节朝贡奉献，一路的车马食宿问题怎么解决？汉简材料给我们提供了一幅清晰的画面。

20 世纪 90 年代发现的悬泉置遗址位于东西往来的交通要道上。根据出土汉简的记载：从东往西有鱼离置、悬泉置、遮要置，每个置的规模功能相同，大致间隔 30 千米一字摆在交通要道上。像这样的"置"在敦煌郡共有九处。悬泉置的日常工作由置啬夫总领，其上受效谷县直接领导，并由敦煌郡派太守属吏监领。其编制人员有"官徒卒御" 37 人，其吏员除置啬夫外，还有置丞、置佐协助啬夫处理置务。工作人员有卒、御、徒、奴、复作等。值得注意的是：置是一个综合性的邮驿接待机构，凡是有置的地方，邮、驿、厩、厨、传舍、骑置都设在一起，是置的内设机构，在置的领导下分司其职。悬泉置的经费来源主要包括钱、粮调拨和车辆、牛马的配发，其中大宗的要由效谷县发给，其方式除了直接下发外，有些要分摊给所属的乡、里百姓，由民户直接送往悬泉置。其中一部分可能还要自筹，自种一部分粮食和草料来解决。其开销主要是吏员的膳食俸禄、来往人员的接待、牲畜饲养和车辆的维护。悬泉置有传车 10—15 辆，牛车 5 辆，定额传马 40

匹，养牛若干头，办公用房 20 多间。悬泉汉简主要是传递公文的登记和接待客人的记录，与此主要职能相关其他内容也十分丰富。

（五）提供了丝绸之路的详尽路线走向和沿途国家与地区的历史资料

丝绸之路从汉唐以来就一直是连接欧亚大陆的一座桥梁，是一条友谊之路、文化之路。凡是丝绸之路辐射到的国家、民族、人群，其历史文化的发展，无一不受到丝绸之路的影响。尽管语言不同、信仰不同、人种不同，但他们对丝绸之路与自己的关系有着普遍的共识。西北六万多枚汉简从广义上讲都跟丝绸之路有密切关系。

丝绸之路东段从西安（或者洛阳）出发，经陕西、甘肃而到达敦煌。中段横穿新疆全境，从敦煌阳关玉门关出发，经天山以南城郭诸国到帕米尔高原。西段是越过帕米尔，南到南亚次大陆，西到中亚和西亚以及地中海沿岸。

先说东段，居延汉简的里程简和悬泉汉简的里程简，把从西安到敦煌的整个路线连接了起来。两简共列出 34 个地名，分别记录了七个路段所经过的县、置和区间里程。居延简上的四段分别是：第一段西安以西 106 千米，第二段今宁夏固原东西 100 千米，第三段甘肃景泰到古浪 137 千米，第四段山丹、民乐、张掖 100 千米。悬泉简上的三段是：第一段古浪到武威以西 111 千米，第二段张掖境内 102 千米、第三段酒泉到敦煌 99 千米。由于简文的残断，呈现的路线时断时续，但不影响我们对东段丝路的整体认识。它告诉我们：从长安出发，沿泾水河道西北走，经平凉、固原绕过六盘山，在靖远过黄河，再穿过景泰和古浪到武威，经河西四郡出敦煌，这是当时东段的主要路线，是官员、使者和商旅的首选。只有当这条路线受阻时，人们才选择另一条路线，即从长安出发沿渭水河道西行经宝鸡、天水、临洮，尔后进入青海横穿柴达木盆地，再到若羌，此即所谓的羌中道。两条东、西平行的道路中间，还有两条支线可以南北互通。一条是从临洮到兰州，沿今天312国道进入武威；一条是经青海扁都口到张掖。直到平帝元始四年（4）羌人才献出青海湖一带而成立西海郡，所以整个西汉时期羌中道几乎无法通行。即令选择渭水西进，到了临洮也得北向经金城进入武威。

关于中段路线，《汉书·西域传》是这样记载的，"自玉门、阳关出西域有两道：从鄯善傍南山北，波河西行至莎车，为南道；南道西逾葱岭则出大月氏、安息。自车师前王廷随北山，波河西行至疏勒，为北道；北道西逾葱岭则出大宛、康居、奄蔡焉。"西域汉简和河西汉简中有关楼兰、鄯善、且末、小宛、精绝、扜弥、渠勒、于阗、皮山、莎车、蒲犁的材料就是南道交通的生动记录。除小宛、渠勒两国偏处昆仑山沟谷，不当孔道外，其他都是南道可供来往人员食宿给养的重要国家。南北两道的国家不仅自己需要为东来西往的客人提供食宿和交通，同时又作为客人穿行在东往西来的道路上。比如从悬泉汉简中记载这些国家出使、朝贡或商旅往来的情形中可以看到：就前来汉朝的西域国家，有一个国家单独前来的，也有数个国家甚至十多个国家结伴而行的；就前来人数而言，有几个人同行，也有几百人甚至上千人浩浩荡荡东进的；就来客的身份而言，有国王、质子、贵人、使者、副使、从者、商旅。可见自从张骞"凿空"后，一方面是汉王朝"使者相望于道，一辈大者数百，少者百余人"，"汉率一岁中使多者十余，少者五六辈，远者八九岁，近者数岁而反"。另一方面是西域各国"驰命走驿，不绝于时月；商胡贩客，日款于塞下"。除天山以南南北两道外，还有一条是横跨天山以北的草原之路。这条道路是游牧民族纵横驰骋的通道，早在张骞"凿空"前，中原的丝绸就通过游牧民族的间接交易到达中亚和南俄草原。但两汉时期的官方通道主要还是在天山以南，就连汉朝直接与乌孙的使节往来也是通过天山以南的北道实现的。

丝绸之路的西段主要是葱岭以西。南道从莎车越过悬度，进入南亚次大陆，可到难兜、罽宾和天竺，就是今天的巴基斯坦和印度；从莎车西行到蒲犁，翻越葱岭进入大夏、大月氏，可达安息，即今天的阿富汗、伊朗等地。北道从疏勒可到大宛、撒马尔罕、马雷、马什哈德，经里海南岸到巴格达、再经大马士革西南到北非。另外从天山以北的草原之路通过伊犁河谷到达哈萨克斯坦，沿锡尔河东岸，绕咸海、里海、黑海北部草原，到君士坦丁堡。悬泉汉简中关于乌孙、大宛、康居、大月氏、罽宾和乌弋山离的记录，是研究丝绸之路西段交通的重要资料。

（六）为研究西域和中亚的历史以及中西关系提供了实物和文献上的新证据

西域这一概念，在不同的历史时期有着不同的指向。西汉时期，西域有 36 国。西汉末年分为 55 国。除康居、大月氏、大夏、罽宾、难兜、乌弋山离、安息"不属都护"外，其余 48 国，在汉末有 221570 户，总人口达到 1254991 人。这片土地山河壮美，幅员辽阔，今天的面积是 166 万多平方千米，如果加上清代被人割走的巴尔喀什湖以东及以南的 44 万平方千米，应该是 210 万平方千米。两汉时期，西域的归属和向背先是随着汉与匈奴势力的消长而摇摆于两者之间，后来则因为匈奴的衰落而彻底归属汉朝，最终成为汉王朝统治下的一个地方政权。在这方面，汉简材料为我们提供了第一手档案文献和实物资料。西域 55 国中，汉简中记载了其中 34 国的材料。除上文所列 20 国，还有车师（分为 4 国）、且弥（分为 2 国）、胡狐、乌贪訾离、乌孙、大宛等 10 个国家。

乌孙是张骞第二次出使通好的主要对象。而张骞于元鼎二年（前 115）回返时，"乌孙发道译送骞，与乌孙使数十人，马数十匹，报谢，因令窥汉，知其广大"。紧接着汉朝远嫁公主与乌孙和亲，标志着汉与乌孙的邻国关系进入结盟阶段。本始二年（前72），汉与乌孙十五万骑击匈奴，之后丁零、乌桓、乌孙三道并出，使匈奴人畜蒙受重大伤亡。张骞出使乌孙所谓"不得要领"而没有完成的使命，四十多年后完全实现了。甘露元年（前53）乌孙内乱，分为大、小昆弥，常惠率三校在赤谷城常川驻屯，镇抚大昆弥，并且为大、小昆弥颁赐印绶，使其接受朝廷的封拜，说明此时的乌孙已由先前的盟国变成了汉朝的属国。西北汉简中有大量关于乌孙的记载，同传世文献相互印证，有力地证明公元前的一个世纪里，乌孙同汉朝的关系由邻国而盟国、由盟国而属国的历史过程。

《汉书·西域传》记载："匈奴西边日逐王置僮仆都尉，使领西域，常居焉耆、危须、尉黎间，赋税诸国，取富给焉。"但是到了神爵二年（前60），日逐王先贤掸率12000人降汉，被封归德侯。僮仆都尉由此罢，卫司马郑吉"既破车师，降日逐，威震西域，遂并护车师以西北道，故号都护。都护之置自吉始焉"。西域都护的设立标志着汉朝在西域设立了一个不同于内地的行政机构，天山南北成为汉朝疆域的一部分。除了上述文献记载外，汉简中有日逐王降汉后，一路由西域经河西送往长安的记录，从文物、档案和出土文献的角度有力地证明从西域都护设立的那一天起，天山南北广大地区就已成为中央王朝不可分割的一部分。

中亚是历史上最早与汉朝建立官方外交的地区。汉简中关于大宛、康居和大月氏的材料为我们提供了汉与中亚关系的实证。比如汉简关于元平元年（前74）天马的记载，就说明李广利伐大宛时"岁献天马二匹"的约定，20多年后仍然在践行，而且朝廷相当重视，每次都要派官员到边地迎取。结合其他大宛简研究，汉朝与大宛的关系始终未曾中断过。再比如汉朝与康居的关系，有一份《康居王使者册》，全文7枚简，293字。所记永光五年（前39）康居王使者一行前来中原朝贡。按惯例他们进入汉地后一路的食宿要由沿途安排，所带贡物要由地方官进行合理评估，但是他们没有得到这样的接待，一路饮食要自己负担，尤其是酒泉太守在评估贡献的骆驼时未让康居王使者现场参加，本来"肥"，却定为"瘦"，本来是白骆驼却被指为"黄"，"不如实，冤"。朝廷得到上诉后，便下文一级一级追查此事。这一事例生动地反映了汉与康居正常外交关系之下的纠纷处理。这些简牍材料不仅是研究汉与中亚关系的实物记录，而且是研究中亚各国古代史的重要资料。因为希腊的古典著作中缺乏这一地区的记录，波斯的铭文中也找不到中亚的材料，考察这段历史可以凭借的除了《史记》《汉书》的简单记载，就只有中国西北的汉简了。

（七）汉简的新材料为我们揭开了一个个历史的谜团

历史上有很多谜团，后人众说纷纭，莫衷一是。西北汉简的发现，为我们廓清了迷雾，解开了疑团。举两个例子：

　　比如佛教传入中国的问题。佛教是世界性宗教，对世界历史和人类文明有着深远的影响。同样，佛教传入中国后，又成为中国历史文化的重要组成部分。那么佛教是何时传入中国的？又是通过什么路线传入的？历来是学术界聚讼纷纭的问题。敦煌当时是东西交通的门户，也是佛教流传中土的必经之地，敦煌的佛教何时传入何时落户是研究西域佛教和中原佛教何时传入的一个参照。作为佛教圣地的敦煌莫高窟所能考证到的最早建造年代在前秦建元二年（366）。再往前推，有一个叫竺法护的和尚，其先月氏人，世居敦煌，八岁出家，事外国沙门竺高座，游历西域36国，带回佛经165部。从泰始二年（266）到永嘉二年（308）的42年间，曾来往译经于敦煌、酒泉、洛阳、长安各地，其中在敦煌译经为太康五年（284），酒泉译经为元康四年（294），这就是文献记载中的敦煌历史上最早的佛事活动。但是悬泉汉简中有关佛教的记载却告诉我们，早在公元1世纪的下半叶，佛教就已进入敦煌，并有相当影响。这比莫高窟建造的最早年代早了300年，比竺法护在敦煌译经早了200年，从而为研究佛教传入西域和中原的时间提供了间接证据，是佛教传播史上难得的第一手资料。

　　再比如骊靬与罗马战俘问题。公元前53年，罗马三巨头之一的克拉苏将军亲率4万大军在卡莱尔与安息（帕提亚波斯）军队交战。结果克拉苏惨败，4万大军全军覆没，幸存者不是被俘就是失踪，留下了世界史上一曲凄绝哀婉的悲歌。与此同时，远在7000多千米以外的河西张掖郡有一个骊靬县，地点在今永昌县西南的者来寨。从唐代的颜师古到清人的地理著作都一致认为：骊靬者，大秦也；大秦者，罗马也。所以骊靬县应与罗马有关。建昭三年（前36），西域都护甘延寿和副校尉陈汤发胡汉4万人马出兵郅支城，在今哈萨克斯坦江布尔一带，消灭了辗转西迁后留居此地的北匈奴郅支单于。后来有人把此三事联系起来加以想象，认为在卡莱尔战役中失散的罗马军队曾长期流落在中亚一带，后来被西迁至塔拉斯河沿岸的北匈奴郅支单于雇佣为守城军队。而陈汤攻打郅支城时俘获的145名俘虏和投降的千余人，即是当年克拉苏的部下。朝廷为了安置这些俘虏，便在今天永昌县者来寨设立了骊靬县，这就是骊靬县的由来。这不仅牵扯到一个县名的由来，而且更重要的是涉及中西文化交流史上的一桩公案。最早美国学者德效骞于1947年提出这一论点时只局限在学术界讨论，而从1989年以来，各种媒体将此炒得沸沸扬扬，甚至说"永昌曾经驻扎过一个罗马军团"。学术界撰文质疑，终因缺乏直接证据而无法使这一历史之谜得以澄清。但是，汉简给我们提供了铁的证据。汉简中关于骊靬的记载，是当时的原始档案。其中神爵二年（前60）的纪年简早就记载了骊靬这一地名。结合其他简文的整体研究所得的结论是：汉代的骊靬，至少在神爵二年之前就已出现。而且根据汉简中对骊靬机构、官吏名称的记载和经济的发展状况，骊靬县也早已设立。它同陈汤伐郅支无关，更同罗马战俘无关。

六万多枚西北汉简是两汉时期的原始档案，是一幅多姿多彩的历史画卷，它涉及社会生活的各个方面和很多学科领域，是中华文明的瑰宝。

原载《光明日报》名家讲坛栏目，2010 年 6 月 17 日

汉简确证：汉代骊靬城与罗马战俘无关

1989 年 9 月 30 日，某报转载了法新社关于澳大利亚教师戴维·哈里斯在甘肃境内发现古罗马军队残部流落地的电讯，紧接着新闻媒体转相报道，《人民日报》又于同年 12 月 15 日以《永昌有座西汉安置罗马战俘城》为题作了报道，称："中、澳、苏三国史学家联合研究发现，西汉元帝时代设置的骊靬城是用作安置罗马战俘的。这一发现不仅解开了公元前 53 年，一支六千多人的罗马军队在卡尔莱战役中被安息军队打败，后来突围溃逃，不知下落的历史之谜，而且对中外关系史有重大意义。"据报道，中、澳、苏三国史学家是从班固所著《汉书·陈汤传》的研究中取得重要突破的。据《陈汤传》载：公元前 36 年，汉西域都护甘延寿、副校尉陈汤，带领四万多名将士伐北匈奴郅支单于，在郅支城（今哈萨克斯坦江布尔）看到一些奇特的军队，"步兵百余人夹门鱼鳞陈，讲习用兵"，"土城外有重木城"。这种用圆形盾牌连成鱼鳞状防御的阵式和修"重木城"的方法,只有古罗马军队采用。上述三国学者根据这一史料,认为这些人就是失踪 17 年的罗马残军。陈汤诛灭郅支后,"生虏百四十五人,降虏千余人"。战俘中有不少骊靬人,西汉朝廷为安置这批罗马战俘,便在今甘肃永昌境内设置了骊靬城。

此报道一出,确实产生了极大的轰动效应。一些新闻记者的媒体,连篇累牍,争相报道,一再掀起高潮,而且并不满足上述事实,声称"考古专家揭开尘封 2000 年谜案——永昌:驻扎过罗马军团"。由原来的安置过罗马降人一变而为"驻扎过罗马军团",顿时吸引眼球,新人耳目。一些小说家也以此为题材演绎出多部文学作品,正准备搬上银幕。其实,这些说法最早来自美国人德效骞于 1957 年在伦敦发表的《古代中国的一座罗马城》,其后还被一些学术著作引证过。至于把汉代"骊靬"和西域的"黎轩""犁靬"等从发音上联系起来,则最早始自汉人服虔和唐人颜师古。提出"骊靬"为安置降人一说,也在 1792 年清人钱坫的《新斠注地理志集释》一书中就有了,并不是什么三国史学家的新发现。

早在美国学者德效骞发表《古代中国的一座罗马城》之后,我国台湾学者杨希枚就于 1969 年在《书目季刊》上发表了《评德效骞的〈古代中国境内一个罗马人的城市〉》,对德氏一些牵强之辞进行了驳议。1989 年,所谓中、澳、苏三国学者的"发现"一经报道，就立即引起了国内学术界关注，先后发表了不少论文，从各个角度对上述说法进行了驳难。但在骊靬县究竟设于何时这一关键问题上因缺乏直接证据终归难以形成定论。近来笔者整理70年代发掘的金关汉简和90年代发掘的悬泉汉简，接触到若干关于骊靬的记载，其中有些有明确年代记载，这对判定骊靬县的设县时间乃至是否与公元前53年卡尔莱战役中的罗马战俘有关具有重大价值，它将使这一争论十数年甚至数十年的历史悬案得以澄清。

骊靬是否真与公元前53年的罗马战俘有关，长期纠缠不清的一个问题就是骊靬设县的具体时间。金关简中与骊靬有关的神爵二年（前60）的纪年简以及大致与此同时的其他简文确凿地证明了"骊靬"一名的出现和设县时间。如简一"☑和宜便里，年卅三岁，姓吴氏，故骊靬苑斗食啬夫，乃神爵二年三月庚寅，以功次迁为"（金关73EJT4：98A），简二"☑公乘，番和宜便里，年卅三岁，姓吴氏，故骊靬苑斗食啬夫，乃神爵二年三月辛☑"（金关73EJH2：2）。两简不出自同一探方，但所述内容有联系，可能丢弃前已经散乱。两简记录一位基层小吏除补到任情况，如同现在的"干部档案"，当时名之为吏员除补名籍。说的是一位姓吴的人，年三十三岁，爵位是公乘，原籍番和宜便里，原来做过骊靬苑的斗食啬夫，后在神爵二年（前60）三月某日以工作成绩和升转次序提拔到了新的岗位上。两简均为松木，上下残，但基本内容是清楚的。按惯例，此类吏员除补名籍一般都有两枚组成：一枚记录某人因某事于某年某月日迁为某官；一枚记录某人因某事于某年月日迁为某官后于某时到任。因而两简上半部内容基本相同，下半部的干支（日期）和内容则不一样。而且虽记同一人事，但未必为一时写成。上述两简即为此类情况。第一简具体日期为"三月庚寅"，查汉代历谱，神爵二年三月丙午朔，无"庚寅"，当"庚戌""庚申"或"庚午"之误写；第二简具体日期为"三月辛☐"，后面缺字。按历谱当为"辛亥""辛酉"或"辛未"。因为两简干支无法确定，二者的先后难以判断。两简相较，简一"和"字前残断部分应为"番"，"番和"之前当为"公乘"。"公乘"，秦汉二十等爵的第八级。颜师古曰："言其得乘公家之车也。"秦汉士民，人人得有爵位，从第一等公士到第二十等列侯，高低不等以别贵贱。汉时通行的人名籍，一般除写明姓名、县、年、身高和肤色外，还要注明爵位。《汉书·高帝纪》诏曰："七大夫、公乘以上，皆高爵也。"可见简中这位吴姓人士爵位较高。"宜便里"，里名，属番和县。汉时郡、县、乡、里，犹今之市、县、乡、村，"里"是最基层单位。"斗食"，岁俸不满百石的基层小吏。"啬夫"，秦汉时除"乡啬夫"，县以下各基层单位的长官均可称啬夫。秦汉简牍中常见有：关啬夫、农啬夫、田啬夫、库啬夫、传舍啬夫、都田啬夫、置啬夫、厩啬夫、厨啬夫、仓啬夫、司空啬夫、少内啬夫等等。简中的"斗食啬夫",当为骊靬苑掌管某一事务的基层小吏。"以功次迁为某官",是依照功劳和政绩按官吏升补次序迁升到某一官职的意思,是汉代通行的惯例。上述两简关于骊靬苑的记载,说明骊靬作为地名早在神爵二年(前60)以前就已出现。而骊靬苑是设在骊靬县境的,同样的情况可以在悬泉汉简中看到敦煌、效谷县的例子。如简三"出荚五十五石二钧,以食敦煌苑橐他五十□"(II90DXT0216②:145),简四"效谷假苑牛十二,其四在遮要置□"(V92DXT712②:79),这说明骊靬苑的存在是以骊靬县的设立为前提的。此外,金关汉简中还有大致与此同时的记载,可以得到证实。如简五"闰月丙申,骊靬长乐亡,移书报府所☑"(金关73EJT1:199),简六"骊靬尉史当利里吕延年,年廿四"(金关73EJT9:127),简五为削衣,同探方所出318枚简中纪年简13枚,占4%。其中始元1枚,本始5枚,地节5枚,元康1枚,甘露1枚,最早为始元二年(前85),最晚为甘露二年(前52)。因此,该简大致可定为昭宣时期遗物,下限在公元前52年。与简六同出的纪年简还有25枚,占该探方395简之6%。其中本始1枚,五凤6枚,甘露10枚,初元5枚,河平1枚,元始1枚。宣帝时期居多,共18枚,占25枚纪年简的72%,因此简六为宣帝时遗物的可能性亦较大。《汉书·百官公卿表》:"县令、长,皆秦官，掌治其县。万户以上为令，秩千石至六百石。减万户为长，秩五百石至三百石。"简三"骊靬长"，说明当时的骊靬县不足万人。简四"骊靬尉史"，当为骊靬县尉的属官。《史记·匈奴列传》："单于既入汉塞，未至马邑百余里，见畜布野而无人牧者，怪之，乃攻亭。是时，雁门尉史行徼见寇，葆此亭，知汉兵谋。单于得，欲杀之。尉史乃告单于汉兵所居。"《索隐》引如淳曰："近塞郡皆置尉，百里一人。士史、尉史各二人也。"其实"尉史"一职，未必都在近塞，内地亦置；未必尽为郡尉之属吏，县尉亦有此属吏。除上引材料外，有关骊靬县的简文还有简七"出钱五十，粟五斗，骊靬。出钱五十，粟米五斗，显美"（金关73EJT37：915）；简八"鱳得复作，骊靬当利里冯奉世☑"（金关73EJT24：964）；简九"骊靬万岁里公乘儿仓，年卅，长七尺二寸，黑色，剑一，已入，牛车一两"（《居延汉简甲乙编》334.33）；简十"出粟二斗四升，以食骊靬佐单门安，将转从者一人，凡二人，人往来四食，食三升"（悬泉V92DXT1311③：226）；简十一"骊靬武都里户人，大女高者君，自实占家当乘物。□□，年廿七，次女□□□□□□"（悬泉V92DXT1210：96）；简十二"□□□过所遣骊乾禀尉刘步贤□"（悬泉V93DXT1511④：5）。从上述简文中，我们不仅可以看到骊靬设县的时间早在神爵二年（前60）以前，而且还可看到骊靬县当时大致的情况。当时的骊靬，不到万人，设长而不设令。除"骊靬长"外，还有"骊靬尉""骊靬尉史""骊靬佐"等等。县下辖乡虽不得而知（一般为两到三个），但简文中记载的里有"宜道里""当利里""万岁里""武都里"等。

关于骊靬苑的情况，除前述纪年简，还有简十三"骊靬苑奴牧番和宜便里□"（金关 73EJT23：193），简十四"骊靬苑大奴尹福年卅长七尺八寸"（金关 72EJC：95）。"大奴"，当为 15 岁以上的成年奴隶。汉简中"大奴""当奴"，实际上同"大男""大女""使男""使女""未使男""未使女"一样，诵为社会上流行和户籍登记中的通用语。6 至 14 岁为使奴，15 岁以上为大奴。"奴婢名籍"中可以得到证实。简十五"骊靬苑监、侍郎古成昌以诏书送驴橐"（IV92DXT0317 ③：68），"橐"即"橐他"，文献还可写作"橐它""橐佗""橐驼"，也就是骆驼。"苑监"，《汉书注》："太仆牧师诸苑三十六所，分布北边、西边，以郎为苑监，官奴婢三万人，养马三十万匹。"另《汉书·食货志》也有"其没入诸苑养狗马禽兽"的记载，汉代设苑在汉景帝时期，当时尚不包括河西，但随着西北边疆的不断开拓，上郡、北地、安顺、武都、金城及河西各地均设苑监以牧苑。早在汉初，刘邦为"都洛阳"问题犹豫不决时，张良曾有一段进谏："夫关中左殽函，右陇蜀，沃野千里。南有巴蜀之险，北有胡苑之利，阻三面而守，独以一面东制诸侯。"《索隐》引崔浩云；"苑马牧外接胡地，马生于胡，故云胡苑之利。"《正义》引《博物志》有胡苑之塞。《汉书·地理志》北地郡：灵州有河奇苑。归德有堵苑、白马苑。郁郅有牧师苑官。这是上郡、北地一直有苑马的记载。《汉书·平帝纪》："（元始二年）罢安定呼池苑，以为安民县"。师古注曰："中山之安定也。"悬泉出土汉简，"明昭哀闵百姓被灾害，困乏毋訾，毋以自澹（赡），为择肥壤地，罢安定郡呼池苑"（II90DXT0115①：1），可见呼池苑在安定郡，而不在中山，颜师古搞错了。《后汉书·马援传》李贤注引《续汉书》："自援祖宾，本客天水，父仲又尝为牧师令。是时援为护苑使者，故人宾客皆依援。"与天水牧马苑有关。《后汉书·西羌传》建光元年（121）秋，羌人忍良等"遂相结共胁将诸种步骑三千人寇湟中，攻金城诸县。（马）贤将先零种赴击之，战于牧苑，兵败，死者四百余人"。这是金城有牧马苑的记载。同传永和五年（140），"且冻分遣种人寇武都，烧陇关，掠苑马"。这是武都设苑养马的记载。《后汉书·和帝纪》永元五年（93），"二月戊戌，诏有司省减内外厩及凉州诸苑马"。可见，设苑也是毫无疑问的。"骊靬苑"就是其中之一。汉简材料还告诉我们：骊靬苑由苑监管，苑监一般由郎官充任，下属还有"斗食啬夫"的基层小吏掌管某一方面的具体事务。不仅养马，还养牛、养驴、养骆驼，牧苑日常由官奴婢承担。

经过上述考证，不难看出，在神爵二年（前60）以前，骊靬县就已设立。西汉先在西北地区实行的牧苑制度也随之建立。河西乃至骊靬，政治经济已发展到相的程度，它既早于公元前 36 年陈汤伐郅支，也早于公元前 53 年的卡尔莱战役。那种认为西汉的骊靬县与卡尔莱战役中的罗马战俘有关系的说法，纯属子虚乌有。

悬泉汉简中的"浮屠简"略考
——兼论佛教传入敦煌的时间

　　谈到敦煌佛教的最早记载，译经方面是竺法护，开窟方面是乐僔和法良。竺法护，其先月支人，世居敦煌，生于 219 年，卒于 316 年，八岁出家，事外国沙门竺高座，曾游历西域 36 国，带回佛经 165 部，自晋武帝泰始二年（266）在长安青门内白马寺译《须真天子经》起，到怀帝永嘉二年（308）42 年间，往来于敦煌、酒泉、洛阳、长安，译经 15 次。其中敦煌译经在太康五年（284），酒泉译经在元康四年（294）①。至于乐僔开窟，是在前秦建元二年（366）。当然，在此之前，敦煌肯定已经有了佛教流传。因为无论竺法护译经还是乐僔开窟，都有其深刻的历史文化背景。那么，敦煌的佛教究竟始于何时，我们能追溯到的确切依据又是什么？过去认为，佛教在敦煌地区的传播

---

　　① 严耕望《魏晋南北朝佛教地理稿》，上海：上海古籍出版社，2007 年，第 12 页。

稍晚于中土，最初佛教经过这里时，似未留驻[1]。严耕望先生《魏晋南北朝佛教地理稿》"汉末佛教流布区域图"列出15个地点，它们是洛阳、南阳、颍川、许昌、梁国、彭城、下邳、广陵、东海、平原、丹阳、会稽、苍梧、南海、交阯等，没有包括敦煌。但是，悬泉汉简发现一支记载敦煌佛教的简文，让我们改变了上述看法。或者说，这支简文保留了敦煌早期佛教的诸多信息，让我们对佛教传入敦煌的具体时间由模糊而逐步清晰，或可引出一些新的意见来。下面作一些介绍和分析，以期引起关注和研究。简文为：

　　少酒薄乐，弟子谭堂再拜请。会月廿三日，小浮屠里七门西入。[2]

　　该简长 24.8 厘米，宽 1.6 厘米，厚 0.4 厘米。材质为松木，基本完整，惟右下角四分之一处有残断，简号为Ⅵ91DXF13C ② :30。全简 24 字，前 11 个字字体稍大，后 13 个字稍小。简中"弟子""浮屠"等显系佛教用语，为叙述方便，暂称之为悬泉浮图简。汉简中发现佛教记载，仅见于此。这就牵涉佛教传入中国尤其是敦煌的时间

---

① 胡戟、傅玫《敦煌史话》，北京：中华书局，1995 年，第 29 页。
② "小浮屠里七门西入"，原释文如此。根据简影，"西入"似亦可释为"百人"。

问题，弥足珍贵。

那么，浮屠简是什么年代的，简上所说的佛教活动又发生在何时？弄清这个问题至关重要。

第一，悬泉简经过整理编号者近18000枚，其中纪年简有2080多枚，占总数的12%左右。最早者为西汉元鼎六年（前111），最晚是东汉永初元年（107），时间跨越218年。显然，悬泉简大致记述这218年及其前后的史实，浮屠简应该不出这个时间范围。

第二，从同一个地点和埋藏层位出土的其他汉简中，我们还可找到一些比较准确的年代坐标来进一步缩小浮屠简的时间范围。浮屠简出自悬泉置坞院内靠北墙的一间小房子，发掘时编号F13。这间房子是坞院北面一排房子的其中一间。发掘时，这里共出简128支。其中有明确纪年者11枚。下面，我们把11枚纪年简按先后顺序排列出来，然后再作进一步讨论。

简一：建武廿七年八月丙寅朔庚寅，大尉憙、司徒勤、司空纯、大司馫校尉（Ⅵ91DXF13C①：3）①

简二：永平七年四月廿九日□□……（正面）大司马吴公女嫁为南阳大守男，妇谒归，负期一日，就分列女传

_____

| ① 八月丙寅朔，庚寅为二十五日。公元51年10月19日。

书（背面）（Ⅵ 91DXF13C②：28）①

　　简三：永平十一年七月廿六日甲申，临泉亭长况
敢言之：前以言，十一日候徒莫狼，西行火，因亡，不
（Ⅵ 91DXF13C②：29）②

　　简四：入西石靡积薪。永平十一年八月廿日夜食时，
毋穷亭候徒受临泉亭候徒（Ⅵ 91DXF13C①：1）③

　　简五：入西书□□□二，邮行。□□四月廿九日起
长诣府。永平十五年三月四日夕时，县泉□□□长印□□
（Ⅵ 91DXF13C②：13）④

　　简六：入西书八，邮行。……永平十五年三月九日人
定时，县泉邮孙仲受石靡邮牛羌（Ⅵ 91DXF13C①：5）⑤

　　简七：建初六年（Ⅵ 91DXF13C②：21）⑥

　　简八：出西书一，邮行。书河南丞印章。三月五
日起，蒲驿□落头诣□一简严诣府。永元十四年四月廿
九日，日中三刻尽时，县泉驿佐吾武付毋穷驿佐魏匀
（Ⅵ 91DXF13C②：7）⑦

　　简九：入东篋一，驿马行。篋，大守章。八日起诣治

---

① 公元 64 年 6 月 2 日。
② 公元 68 年 9 月 12 日。
③ 公元 68 年 10 月 5 日。
④ 公元 72 年 4 月 10 日。
⑤ 公元 72 年 7 月 15 日。
⑥ 公元 81 年。
⑦ 公元 102 年 6 月 2 日。

所。永元十三年九月九日，日入分尽时，徒张叠受县泉徒壶武（Ⅵ 91DXF13C ① : 4）[1]

简十：元兴元年十一月庚辰朔，四日癸未，鱼泽鄣尉□叩头死罪敢言之：乘隧效谷更（Ⅵ 91DXF13C ② : 1）[2]

简十一：其第一封，橐一，驿马行。西介（界）封书张史印。十二月廿七日甲子，昼漏上水十五刻起……佐高佑。永初元年十二月廿七日，夜参下餔分尽时，县泉驿佐吾就付万年驿（Ⅵ 91DXF13C ② : 10）[3]

11 枚简中，最早为建武二十七年即公元 51 年，最晚为永初元年十二月即公元 108 年。也就是说，F13 号房间发现的这 128 枚汉简包括浮屠简在内，具体年代应该在公元 51 年到公元 108 年及其前后。

第三，从浮屠简的书法字体看，它也更多地具备了东汉时期简体书法的风格特征。简体书法是汉字演变过程中一个重要阶段。在全部汉简材料中，我们几乎能够看到除甲骨文、金文（大篆）以外的所有字体，只是应用文体和时代先后不同。长沙马王堆汉墓帛书、安徽阜阳汉简，银雀山汉简以及张家山《二年律令》这些汉代早期之物，其字体风格还没有脱开小篆和古隶的影响，真正汉隶的形成

---

[1] 公元 101 年 10 月 18 日。
[2] 公元 105 年 12 月 27 日。
[3] 公元 108 年 1 月 27 日。

在宣、元以后。而河西和居延出土的汉简，最早是在武帝末年，最晚到东汉中期，同上述悬泉简的年代跨度大体一致。简文的书体特色有如下几种情况：一是小篆和篆意很浓的篆隶体，主要反映在诸如《仓颉篇》这样的识字课本和干支纪日上，数量极少，有些字体在书法界甚至被称为"四不象"[①]。二是古隶和汉隶的演变体，汉隶的特征尚未稳定，字形、波磔、笔势、风格都不明显，主要表现在武、昭时期一些较早的简文上。三是规整的汉隶，即八分隶，左波右磔，俯仰分明，字形由细长变得扁平，笔势由纵势趋向于横势，风格由古朴稚拙变得端庄秀丽。从时代的角度看，这种书体主要出现在宣、元以后。在文体上多出现在比较庄重严肃的文件中，如典籍、诏书、律令、奏章以及一些身份证明等等。其他一般的屯戍文书、巡防记录、过往登记和收支账目，大多率意而为，主要以草书为主。所以工整的汉隶在简文中总是只占少量。四是草书，有人认为，汉字的每一种字体在其发展演变的每一个阶段都有其相应的草书，所以追溯其源头，由来久矣。我们所看到的汉简，从西汉到东汉，都是草书占主要地位。不过前一阶段属于隶草，即相应于古隶的草书。继之而后是章草，即相对于汉隶或今隶的草书。最后就出现了今草。三

---

① 华人德《中国书法史（两汉卷）》，南京：江苏教育出版社，1999 年，第 54 页。

种草书在时代上有先后和继承。就章草而言，宣帝以后就已十分成熟，而且在汉简中所占比例最大。那种认为章草是东汉章帝时才出现的说法，早就被简牍书法的实物否定。至于今草，它的一些基本的笔法、风格和意味，到东汉时也已出现。而行楷这种书体，其比较明显的特征在东汉甚至更早时就已出现，汉隶的波磔逐渐淡化，那种扁平字形归于方正，自然流畅，率意而为，几乎能让人看到后来王羲之《兰亭集序》中一些笔法的影子。

悬泉浮屠简共24个字，前11个字，尤其是前4个字"少酒薄乐"，还略有点古拙和隶味，越到后面，行楷的意味就越明显。"弟子谭堂再拜请"中的"堂"字下面一横和"再"字上面一横，俨然行楷笔法，一丝波磔也没有。下面14个小字，"会月廿三日小浮屠里七门西入"，更是流畅自如，洒脱自然，与后世行楷难分上下。但这些书体风格，只能在东汉简中见到，西汉简中极少。这也是我们研究浮屠简具体年代的又一个佐证。我们又从F13房间所出128枚简中，选出20枚颇具行楷和今草特色的简影与浮屠简进行比勘，不难发现其中的共同性。

从简文的内容看，"少酒薄乐"，字面意思是劝诫别人或者要求自己，少饮酒，不耽于怡乐。可佛教"五八十具"的各种戒律，不是少饮酒，而是不饮酒。五戒的内容是不杀生、不偷盗、不邪淫、不妄语、不饮酒，至于八戒、十戒、具足戒，也都有戒酒的内容。但从佛教发展的历史看，也许早期佛教不戒酒。而到了部派佛教时期，上座部偏于保守，持戒较严，《四分律》就出自上座部系统的法藏部，规定比丘戒250种，比丘尼戒348种，其中第一类就是波罗夷，即极恶戒。比丘的四大波罗夷是淫、盗、杀、妄语，不包括饮酒。正如杜继文先生在《佛教史》一书中所言："所谓不杀生、不偷盗、不邪淫、不妄语、不饮酒的'五戒'，适用于出家和在家的一切佛徒，出现可能较晚。较早的戒律以禁欲为第一大戒，其次是盗、杀、妄语。犯此四者波罗夷，即摈出僧籍。"① 至于乐，究竟什么内容，还难以确指。但八戒、十戒中有不观听歌舞，五戒中无此内容，"少酒薄乐"的"薄乐"，应该包括此类内容。准此，悬泉浮屠简，反映了早期佛教传入敦煌的早期情况。

"弟子谭堂再拜请"，"弟子"，佛教语，当为自称和谦称；"谭堂"，人名，汉人而非胡人。"再拜请"，汉人书信中惯用语，汉简中常可见到。

"会月廿三日，小浮屠里七门西入"，"会月"有约定、限期、期会之意，也是汉简中常用语；"浮屠"一词，《汉语大词典》有四解：一指佛陀，二指佛教，三指和尚，四指佛塔。前面有一个"小"字，不能是第一意和第二意，只能是和尚或者佛塔之意。后面有一"里"字，又多

---

① 见杜继文主编《佛教史》，南京：江苏人民出版社，2006年，第25页。

出一意，可能还是地名。《高僧传》记康僧会在东吴传法时就有此类例子："（孙）权大叹服，即为建塔，以始有佛寺，故号建初寺，因名其地为佛陀里，由是江左大法遂兴。"[①]"七门西入"，文意不尽完整，不便强解。"西入"或可应该释为"百人"。

通过简文词句和内容分析，这支简很可能是遗落在悬泉置的一封僧徒之间的来往信件，或者是一件佛弟子要求拜见长老的名刺。不管何种文书，其中的佛教术语和佛教内容是十分清楚的。

佛教何时传入中国，一直众说纷纭。根据任继愈主编的《中国佛教史》，有三代已知佛教说，周代传入说，孔子已知佛教说，战国末年传入说，先秦已有阿育王寺说，秦始皇时僧众来华说，汉武帝已知佛教说，刘向发现佛经说等等[②]。但细勘起来，都不免荒诞不经。现在，一般都认同公元前后佛教传入说。《三国志》裴注引鱼豢《魏略》载："昔汉哀帝元寿元年，博士弟子景卢受大月氏王使伊存口受《浮屠经》。"时在公元前2年。吕澂先生《中国佛学源流略讲》引用日人白鸟库吉的说法，认为贵霜王朝前二代是不

---

① 《高僧传合集》，上海：上海古籍出版社，1991年，第6页。
② 任继愈主编《中国佛教史》，北京：中国社会科学出版社，1985年，第45—67页。

信佛教的，此前的大月氏是否已有佛教，还值得研究①。但现在根据《那先比丘经》的记载，早在公元前 2 世纪上半叶，佛教已传入希腊人统治的大夏。公元前 2 世纪中叶，大夏被大月氏征服，一些希腊式城市国家逐渐并入大月氏，这样大月氏也就自然传承了在大夏流布的佛教②。由此看来，元寿元年佛教由大月氏传入中土的记载还是可信的。但当时只是口授，其他方面的情况还不得而详。

到东汉明帝永平时，有两件事可确凿地证明佛教确已在中土传播开来。一是楚王英"晚节更喜黄老，学为浮屠斋戒祭祀"的记载③。二是明帝夜梦金人派人往天竺取经的记载。前者因楚王英奉缣纨三十匹以赎衍罪，明帝有诏书："楚王诵黄老之微言，尚浮屠之仁祠，洁斋三月，与神为誓，何嫌何疑，当有悔吝？其还赎，以助伊蒲塞、桑门之盛馈。"这是永平八年（65）之事，有皇皇诏书，应确凿无疑。后者虽然明帝夜梦金人，派人去天竺取经等过程，各种典籍有歧异④，但毕竟《四十二章经》这个事

① 吕澂《中国佛学源流略讲》，北京：中华书局，1979 年，第19 页。
② 杜继文主编《佛教史》，南京：江苏人民出版社，2006 年，第 44 页。
③ 范晔《后汉书》卷四十二《楚王英传》，北京：中华书局，1965 年，第 1428 页。
④《后汉书》、《后汉纪》、《四十二章经序》、《广弘明集》卷九、《法苑珠林》卷十三等记载都有不同。

实不容怀疑。不过一般认为，这个时候的佛教，还主要在皇室贵族和社会上层中流传，而且多依附黄老、神仙、方术等①。

悬泉汉简绝大多数是西汉宣、元以后到王莽时期的遗留物，东汉简只占极少数。就拿纪年简来说，全部纪年简有 2100 枚左右，而东汉纪年简只有 20 枚，占 1% 还弱。在这 20 枚东汉纪年简中，我们上面排列引用的出自 F13 号房内的纪年简就占了 11 枚。从这个数字中可以想见全部悬泉简中东汉简所占的比重。敦煌的佛教传自西域，这是学界公认的结论。汤用彤先生在《汉魏两晋南北朝佛教史》中指出："佛法来华，先经西域。在汉代，我国佛教渊源，首称大月氏、安息与康居三国。"严耕望先生更是认为："敦煌为汉代以来旧疆最西之郡，佛教东传，此为首站，故佛教传扬，亦当最早。"②考虑到东汉与西域关系三绝三通的背景，我们认为，悬泉浮屠简中所记载的佛教僧徒活动的时间上限，不能早于明帝。尽管有光武帝建武二十七年简，但光武时先是窦融割据河西，后来朝廷也无暇与西域通好，任其"东西南北自在也"。当时的敦煌、

① 参见任继愈主编《中国佛教史》，北京：中国社会科学出版社，1997年，第 94 页。
② 严耕望《魏晋南北朝佛教地理稿》，上海：上海古籍出版社，2007年，第 87 页。

西域、匈奴等各方面还一直处在战事纷扰之中，找不到有佛教传入的迹象。至于其下限，也不能晚于简文所记载的永初元年（107）。因为永初元年以后："朝廷以其险远，难相应赴，诏罢都护。自此遂弃西域。"①西域进入"三绝"期，正常的中西交通受到影响。悬泉汉简在不同时期的这种不同的数量分布状况，就与中原与西域的关系有直接关系。所以，悬泉浮屠简的时间当在东汉明帝以后的半个世纪之内。中间经历了明、章、和三代。

如果上面的分析成立，可以得出这样的结论，根据悬泉浮屠简的记载，早在公元一世纪下半叶，佛教就已传入敦煌，而且一开始就流行在民间。它比竺法护在敦煌译经的时间早 200 年，比乐僔在莫高窟开凿洞窟的时间早 300 年。也就是说，竺法护在敦煌的译经活动、莫高窟的开凿以及敦煌佛教的兴盛，是早期佛教传播和发展的必然结果，有着深刻的社会历史背景和丰厚的佛教文化沃土。《魏书·释老志》所描写的"凉州自张轨后，世信佛教。敦煌地接西域，道俗交得其旧式，村坞相属，多有塔寺"的盛况也可从这里找到渊源。

原载郑炳林主编《敦煌汉藏佛教艺术与文化学术研讨会论文集》，三秦出版社，2011 年

---

① 范晔《后汉书》卷八八《西域传》，第 2912 页。

浅谈河西汉简和敦煌变文的源渊关系

敦煌汉简和敦煌遗书，不仅在时间上前后相继、在空间上相互一致，而且在内容上也可找到很多一脉相承的例证。其中的"田章简"和"韩倗简"就是最典型的例子，本文主要谈"田章简"。

斯坦因第三次中亚考察时，于 1914 年 3 月 17 日至 24 日，再次到敦煌以北的长城烽燧挖掘汉简 200 多枚[①]，这批简本来同早先第二次中亚考察所获文书一起交由法国汉学家沙畹整理，但沙畹只整理发表了《斯坦因在中亚沙漠所获汉文文书》就去世了，其余的工作交给弟子马伯乐继续完成。其时，中国学者张凤旅法留学，回国时带回了

[①] 1953 年在伦敦出版的马伯乐的《斯坦因第三次中亚考察所获汉文文书》一书中公布 166 枚，还有 60 多枚现存伦敦大英图书馆，尚未公布。

马伯乐送给的照片并于 1931 年在上海有正书局出版了《汉晋西陲木简汇编》，发表了带回的全部材料。由于马伯乐在二战时死于希特勒的集中营，所著《斯坦因第三次中亚考察所获汉文文书》迟至 1953 年才在其妻子的多方奔波下得以在伦敦出版。这样，张氏的《汉晋西陲木简汇编》就使得国人提前 20 多年看到了这批材料的概貌。

其中一简因简文有"田章对曰"而被张氏名之为"田章简"，斯坦因当时发掘的原始编号为 T X X Ⅲ.L.i.7。张氏在《汇编》一书中列于 51 页第 11 号，马伯乐的书中编此简为 28 号，由林梅村、李均明编辑而由文物出版社于 1984 年出版的《疏勒河流域出土汉简》，将之编为 730 号，而中华书局 1991 年出版的由甘肃省文物考古研究所所编《敦煌汉简》则将之编为 2289 号。

张凤在《汉晋西陲木简汇编》一书中，将之释为：

为君子田章对曰臣闻之天之高万万九千里地之广亦与之等山岳溪谷南起江海裹

马伯乐《斯坦因第三次中亚考察所获汉文文书》释为：

为君子田章对曰臣闻之天之高万万九千里地之广亦与之等岳并溪谷南起江海里

劳榦在 1985 年发表的《汉晋西陲木简新考》一书，将 "岳并" 改释为 "岳兹"，全简释为：

为君子田章对曰臣闻之天之高万万九千里地之广亦与之等岳兹溪谷南起江海袤①

林梅村、李均明在《疏勒河流域出土汉简》一书中，将之释为：

为君子田章对曰臣闻之天之高万万九千里地之广亦与之等□□绤谷南起江海震②

1991 年，甘肃省文物考古研究所《敦煌汉简》一书，除了公布敦煌马圈湾的新简外，还将历年出土的敦煌汉简重新编号出版，将该简释为：

为君子田章对曰臣闻之天之高万万九千里地之广亦与之等岳兹绤谷南起江海震③

①《历史语言研究所单刊(甲种之二十七)》，1985 年，第 12 页。
②《疏勒河流域出土汉简》，北京：文物出版社，1984 年，第 79 页。
③《敦煌汉简》，北京：中华书局，1991 年，第 309 页。

1998 年，裘锡圭先生在其发表的《田章简补释》一文中，将简文重新校释，并加了标点，成为：

……为君子？"田章对曰："臣闻之：天之高万万九千里，地之广亦与之等。风发绤（溪）谷，雨起江海，震……"①

裘先生的文章考证详审，令人称绝。至此，34 字的简文经过诸家之手和近七十年时间的岁月磨砺，使之历久弥精，最终臻于完善。

"田章简"因内容十分重要，早就引起了学界的关注。1932 年，容肇祖在《岭南学报》2 卷 3 期上发表了《西陲木简中所记的田章》，最早指出了它与敦煌变文的关系。他认为，"田章简"的故事当与敦煌写本中句道兴所撰《搜神记》中一则故事有关，故事讲昔有一田昆仑者，与天女结合，生一子名田章，得天书八卷，聪明过人，入朝做官，位至宰相。后获罪流放，流落民间。但朝廷凡遇无人知晓之事，还要询问于他②。其中有一段对

---

① 裘锡圭《田章简补释》，《简帛研究》第三辑，南宁：广西教育出版社，1998 年，第 455—458 页。

② 句道兴《搜神记》，见王重民等编《敦煌变文集》，北京：人民文学出版社，1957 年，第 882—885 页。

话云：

"天下之中，有大鸟不？"章答曰："有。""有者何也？""大鹏一翼起西王母，举翅一万九千里，然始食，此是也。"又问"天下有小鸟不？"曰："有。""有者何是也？""小鸟者无过鷦鹩之鸟，此鸟常在蚊子角上养七子，犹嫌土广人稀。其蚊子亦不知头上有鸟，此是小鸟也。"帝王遂拜田章为仆射。

"田章简"中的问答形式以及主人公的名字"田章"都与句氏《搜神记》中的故事相类，但内容和情节不尽一致，说明此类民间故事在传播中亦在不断发生变化。就在敦煌变文中与此有关的故事还有《晏子赋》和《孔子项托相问书》。前者的典型片段是：

王乃问晏子曰："汝知天地之纲纪，阴阳之本性，何者为公，何者为母？何者为左，何者为右？何者为夫，何者为妇？何者为表，何者为里？风从何处出，雨从何处来？霜从何处下，露从何处生？天地相去几千万里？何者是君子，何者是小人？"晏子对王曰："九九八十一，天地之纲纪。八九七十二，阴阳之本性。天为公，地为母。日为夫，月为妇。南为表，北为里。东为左，西为右。风出高山，雨出江海。霜出青天，露出百草。天地相去万万九千九百九十九里。富贵是君子，贫者是小人。出语不穷，是名君子也。"①

《孔子项托相问书》云：

夫子问小儿曰："汝知天高几许，地厚几丈？天有几梁，地有几柱？风从何来，雨从何起？霜出何边，露出何处？"小儿答曰："天地相却万万九千九百九十九里。其地厚薄，与天等同。风出苍梧，雨出高处。霜出于天，露出百草。天亦无梁，地亦无柱。以四方云而乃相扶，故以为柱，有何怪乎！"

《晏子赋》和《孔子项托相问书》，一则是"王问晏子"，一则是"夫子问小儿"，故事主人公不是田章，但问答内容却与"田章简"相同。只是"田章简"云天地之高厚为"万万九千里"，而《晏子赋》和《孔子项托相问书》则有"九百九十九里"之余数，只是行文之疏密不同，而非本质之区别。

"田章简"同上引句道兴《搜神记》中的故事以及敦煌变文《晏子赋》《孔子项托相问书》中的故事，如出一辙，有明显的传承关系，追溯其源头当出自《晏子春秋》。

① 王重民等编《敦煌变文集》，第245页。

《晏子春秋》是一部古代的短篇小说集，其故事的来源主要是附会春秋齐景公时晏婴的故事，但与历史上记载的晏婴其人其事又有一定出入，是在长期流传的过程中经过了不断的加工、改造和演变的产物。《晏子春秋》的成书年代，有人说是晏子自己的作品，有人说是墨子门徒所假托，还有人则认为是六朝人的伪造。但《晏子春秋集释》的作者吴则虞先生经过考证认为很可能为秦博士淳于越所作。淳于越为齐国贵族，齐灭后入秦为博士，曾在是否分封功臣子弟的问题上与博士周青臣和丞相李斯意见相左，其作书的时间大致在秦统一六国之后[1]。认为上述故事与《晏子春秋》同出一源，主要有以下几个方面的依据：

依据之一，《晏子春秋·外篇第八·景公问天下有极大极细晏子对第十四》：

景公问晏子曰："天下有极大乎？"晏子对曰："有。足游浮云，背凌苍天，尾偃天间，跃啄北海，颈尾咳于天地乎！然而渺渺不知六翮之所在。"公曰："天下有极细乎？"晏子对曰："有。东海有虫，巢于蚊睫，再乳再飞，而蚊不为惊。臣婴不知其名，而东海渔者命曰焦冥。"[2]

① 吴则虞《晏子春秋集释》序言，北京：中华书局，1962年，第19—21页。
② 吴则虞《晏子春秋集释》，北京：中华书局，1962年，第514页。

此则故事，《神异经·南荒经》有载："南方蚊翼下有小蜚虫焉，目明者见之，每生九卵，复未常有鰕，复成九子，蜚而俱去，蚊遂不知。亦食人及百兽。食者知，言虫小，食人不去也。此虫既细且小，因曰细蠛。陈章对齐桓公小虫是也。"旧注："陈章鹪鹩巢蚊睫，事见《晏子春秋》。"[①]《晏子春秋》与《神异经》所载略有不同，但后者确系从前者演化而来，故事的原型是一个。不同的是《晏子春秋》中"景公问晏子"，《神异经》在故事的后面和注中则说"陈章对桓公"事。桓公于公元前 685 年至 643 年在位，而景公则于公元前 547 年至 490 年在位，前后相差近百年时间。不过"陈章"则可读作"田章"，前人早已指出[②]。"田"与"陈"上古都是真部定母字，两者互通的例子在《左传》《战国策》《史记》，甚至《晏子春秋》本身都屡见不鲜。如《左传·昭公三年》："齐其为陈氏矣。"《晏子春秋·内篇·问下十七》"陈"作"田"。《左传·昭公九年》"陈鲍"，《晏子春秋·内篇·杂下》作"田鲍"。《左传·昭公二十六年》："其陈氏乎？"《晏子春秋·外篇

① 《百子全书》第 7 册，杭州：浙江人民出版社影印扫叶山房石印本，1985 年。
② 容肇祖《西陲木简中所记的"田章"》，《岭南学报》，1932 年 2 卷 3 期。

七》"陈"作"田"①。可见，"陈章""田章"毫无疑问是可以通读的。故事的主人公如果往前追溯，那就是：田章→陈章→晏子。

依据之二，"田章简"在河西汉简中无独有偶。2002年，内蒙古自治区文物考古研究所对 20 世纪 30 年代和 70 年代大量出土汉简的烽燧遗址再次进行了调查发掘，又发现一枚"田章简"，简文是：

大捶田章新君耳桓公曰田章天下　　2002ESCSF1:6②

该简字迹清晰，释读准确，唯因字数太少，尚不能作进一步分析。但田章的故事在汉代的河西地区确曾流行过，这与六朝以后出现在敦煌变文中的同类故事是一脉相承的。

依据之三，河西汉简中不仅有"田章简"，而且还有《晏子春秋》的佚文。在《居延新简》中有一则简文云：

……也，外不在诸侯，不（否）则贪也。晏子溉（慨）

---

① 高亨、董治安《古字通假会典》，济南：齐鲁书社，1989 年，第 86 页。
② 内蒙古自治区文物考古研究所《额济纳汉简》，桂林：广西师范大学出版社，2005 年。

然而大息，其心甚忧，笑而应之曰："固也夫，齐与鲁连竟（境）同土，齐不有鲁，恐为之下。往世不……"EPT51：390[1]

此条简文在今传《晏子春秋》中找不到相同的内容。但应该是《晏子春秋》的佚文则无疑义。因为《晏子春秋》一书一开始就是一些民间故事，如果按上述吴则虞先生的意见，该书编成于秦灭六国之后，那末在晏子之后到成书之前，晏子的故事至少在民间流传了三百年之久。《汉书·艺文志》有《晏子》八卷，书名"晏子"之后无"春秋"。隋、唐《经籍志》各有《晏子春秋》七卷，而《宋史·艺文志》则有《晏子春秋》十二卷。《崇文总目》曰："《晏子春秋》十二卷，晏婴撰。《晏子》八篇，今亡。此书盖后人采婴行事为之，以为婴撰，则非也。"可见，《晏子》或《晏子春秋》成书之后的流传过程较复杂，今本《晏子春秋集释》就附录了不见于正文而散见于各书中的佚文十七则，上引汉简《晏子春秋》的佚文发现于河西散简之中就不足为奇了。传世今本不见此简内容，说明其价值更为重要。

　　《晏子春秋》的简文，最近又有新发现。1999年，内蒙古文物考古研究所在甲渠候官第十八燧发现《晏子春秋》简文两则：

---

① 甘肃省文物考古研究所等《居延新简》，北京：文物出版社，1990年，第204页。

……与者半。京（景）公召晏子问之曰："子先治奈何？"晏子合（答）曰："始治筑坏塞缺，奸人恶之；斩渠通……"99ES18SH1:1

　　□随（惰）民恶之；止男女之会，淫民恶之；送迎……99ES18SH1:2

两条简的内容可以合而为一，事实上是意思连贯的一段话。《晏子春秋·内篇杂上·晏子再治阿而见信景公任以国政第四》：

　　景公使晏子为东阿宰，三年，毁闻于国。景公不说，召而免之。晏子谢曰："婴知婴之过矣，请复治阿，三年而誉必闻于国。"景公不忍，复使治阿，三年而誉闻于国。景公说，召而赏之，辞而不受。景公问其故，对曰："昔者婴之治阿也，筑蹊径，急门闾之政，而淫民恶之。举俭力孝弟，罚偷窃，而惰民恶之。决狱不避贵强，而贵强恶之。左右所求，法则予，非法则否，而左右恶之。事贵人体不过礼，而贵人恶之。是以三邪毁乎外，二谗毁乎内，三年而毁闻乎君也。今臣谨更之，不筑蹊径，而缓门闾之政，而淫民说；不举俭力孝弟，不罚偷窃，而惰民说；决狱阿贵强，而贵强说；左右所求言诺，而左右说。事贵人体过礼，而贵人说。是以三邪誉乎外，二谗誉乎内，三年而誉闻于君也。昔者婴之所以当诛者宜赏，今所以当赏者宜诛，是故不敢受。"景公知晏子贤，乃任以国政，三年而齐大兴。

同样的意思，在《晏子春秋·外篇第七·晏子再治东阿上计景公迎贺晏子辞第二十》载：

晏子治东阿，三年，景公召而数之曰："吾以子为可，而使子治东阿，今子治而乱，子退而自察也，寡人将加大诛于子。"晏子对曰："臣请改道易行而治东阿，三年不治，臣请死之。"景公许。于是明年上计，景公迎而贺之曰："甚善矣！子之治东阿也。"晏子对曰，"前臣之治东阿也，属托不行，货赂不至，陂池之鱼，以利贫民。当此之时，民无饥，君反以罪臣。今臣后之治东阿也，属托行，货赂至，并重赋敛，仓库少内，便事左右；陂池之鱼，入于权宗。当此之时，饥者过半矣，君乃反迎而贺。臣愚不能复治东阿，愿乞骸骨，避贤者之路。"再拜，便僻。景公乃下席而谢之曰："子强复治东阿，东阿者，子之东阿也，寡人无复与焉。"①

上引《晏子春秋》中的"三邪""二谗""五恶之"，分别

---

① 吴则虞《晏子春秋集释》，北京：中华书局，1962年，第478页。

是"淫民恶之""惰民恶之""贵强恶之""左右恶之""贵人恶之"。简中只有残文，不完整，但也列出了"奸人恶之""淫民恶之""惰民恶之"等三个方面。不同的有"奸人恶之"。也许，把这三个方面作为"三邪"更合适。不管怎么说，简文和传本《晏子春秋》行文一致，结构相同，内容吻合，只是个别词句不同，说明两者在流传过程中形成了不同的版本。

通过比对晏子其人其事、《晏子春秋》、汉简中的"田章简"和《晏子春秋》佚文、敦煌变文中的相关篇章，可以看出，敦煌变文中的有关故事可以在汉简中找到源头，而汉简中的这些记载又可以追溯至《晏子春秋》或更早的历史故实，它们有着一脉相承而绵延不绝的传承关系。将汉简和敦煌文献结合起来研究，将会给我们带来更多的启示。当然，近千年的流传中，"长期间在人民口头辗转传播，容易发生分歧和有所增损，所以同是一个故事，在几种不同的记录里，内容往往有所出入，在地名人名方面甚至还有张冠李戴的情形"①。但这并不影响我们追寻它的基本脉络。

原载《敦煌学辑刊》2005 年第 4 期

① 吴则虞《晏子春秋集释》序言，北京：中华书局，1962 年，第 18 页。

悬泉汉简中的中西文化交流

　　20世纪90年代初，在甘肃河西走廊的敦煌发现了迄今为止保存最为完整、规模最大、时代最早的邮驿机构的遗址——悬泉置遗址。由于遗址中出土了35000多枚汉简和数以万计的其他文物，被分别评为"八五"期间和当年的"十大考古发现"之一。由于遗址的位置及其展现的历史功能，曾在丝绸之路的交通要道上发挥过重要作用；也由于出土物的丰富尤其是汉简的出土，对我们重新认识丝绸之路和欧亚大陆的世界具有重要意义。悬泉置遗址被联合国教科文组织于2014年6月22日评为世界文化遗产。

　　下面就悬泉置遗址和悬泉汉简所涉及的一些重要问题作一些介绍，供大家在当今"一带一路"的背景下研究历史上的丝绸之路作以参考。

一、悬泉置遗址和悬泉汉简

悬泉置遗址的位置坐落在甘肃西部瓜州县和敦煌市交界处，在瓜敦公路南侧 1000 米的山丘底下。遗址南部是三危山余脉火焰山，山涧有泉水流出，名曰悬泉水，经年不断。悬泉置即由此得名。遗址的院落、房屋、马厩等均为汉代遗存，但坞院的西南角压一烽墩，属魏晋遗存，故遗址的时代总体上属汉晋时期。根据《元和郡县图志》和敦煌卷子的记载，到了唐代，还称此地为悬泉水，并有悬泉驿、悬泉镇、悬泉乡的设置。

该遗址是一个 50 米 × 50 米的正方形院落，总共 2500 平方米，院门东开。院内有 27 间大小不等的房屋供人居住和办公。院落南墙外有专门养马拴马的马厩。出土的汉简，有字者 23000 余枚，现在整理编号者 18000 枚左右。另有竹木漆器、草编器、皮革、丝织器、毛麻织品等用品 6000 余件，铁器类生产工具 230 余件，各类陶器陶片 30000 余件。

史书中关于"厩置""传置""骑置""邮置"的名称多有记载，如《史记·田儋列传》有"未至三十里，至尸乡厩置"，《汉书·文帝纪》有"太仆见马遗财足，余皆以给传置"，《汉书·西域传》有"事有便宜，因骑置以闻"。《后汉书·西域传》有"立屯田于膏腴之野，列邮置于要害之路"。如果再往前追溯，"置"的出现还可追溯到春秋战国孔、孟的时代。《孟子·公孙丑上》有"孔子曰：'德之流行，速于置邮而传命。'"孟子引述的是孔子的语言，可见，"置"的出现，最晚也在春秋时代。但"置"是一种什么样的机构？它的建置、分布、规模、格局、人员编制、车马数量、管理体制、功能作用，以及它在国家社会中的角色，在悬泉置遗址发现以前，我们几乎知道得很少。而悬泉置却给我们呈现了一个古代驿置机构的完整形象，再加上大量的汉简和出土文物，从宏观到微观，许多重大历史事件和社会生活诸方面的细节，都得以生动地揭示出来。从下到上、从地方到朝廷、从边疆到内地、从局部到整体，通过解剖麻雀，使我们对遥远的过去有了新的认知。

根据汉简的记载，悬泉置隶属于敦煌郡效谷县，全称应是"效谷县悬泉置"。人员定额有官卒徒御 37 人，有马 40 匹，传车 10—15 辆。除养马外还饲养一定数量的牛，有牛车 5 辆。主要工作一是传递公文信件，也包括私人邮寄的信函和物品，二是接待东来西往的官员和行旅。每当朝廷用兵西部，皇帝的诏书、朝廷的紧急公文以及出征将士的军情急报，也都经过悬泉置传送。在接待任务方面，不仅朝廷官员出使西域、公主出嫁和亲，而且西域各国包括中亚、西亚、南亚次大陆有关地区和国家前来中原进贡、受封、觐见、通使，都要在此歇脚、吃饭。像这样的驿置机构在当时的敦煌郡共有 9 座，依次是渊泉置、广至置、效谷置、鱼离置、悬泉置、遮要置、龙勒置（可能还有玉门置和冥安置）。每个置相距 30 千米，从东到西一线排开，承担了上述接待和传递任务。

总体而言，悬泉置地处交通要道，它所承担的任务又是传递文件和接送使者，所以悬泉汉简的记载几乎与中西交通密切相关。不光悬泉汉简如此，敦煌、居延等地出土的河西汉简和新疆出土的汉简，无不如此，都是我们研究丝绸之路和中西文化交流的第一手资料。

二、悬泉汉简中的西域及汉朝与西域的关系

历史上狭义的西域主要指阳关以西到葱岭以东，昆仑山以北到巴尔喀什湖以南，有 200 多万平方千米的土地。在这里，旧石器时代和新石器时代的遗存已有多处被考古学家发现，青铜时代和铁器时代的遗址遗物更是广泛分布。从公元前 2000 年到公元前 200 年这段时间里，东西方的人种、文化在这里交融、碰撞，为匈奴和汉朝的势力进入此地准备了广阔的社会背景。

关于汉与西域诸国的关系，史书上对一些大的事件、人物都有总括性的记载，但大多缺乏具体细节的描述，而汉简的记载从细处弥补了这方面的不足。比如关于日逐王降汉，史书记载得比较笼统，但汉简的记载就有许多过去所不了解的细节。当时由大司马车骑将军韩增和御史大夫

丙吉发布文件，派人专程到敦煌、酒泉迎接日逐王。就连日逐王路过敦煌时，敦煌地方当局派出多少人送迎，吃过几顿饭，甚至从敦煌到冥安的路上累死一匹马的事，也有记载。日逐王降汉，是汉朝经营西域的重大历史事件。其后的连锁反应就是西域都护的设置，"僮仆都尉由此罢，匈奴益弱，不得近西域"（《汉书·西域传》），从而结束了匈奴对西域一百多年的统治，改变了西域的历史走向，成为影响中国和世界的标志性事件。从这个角度看，汉简作为第一手资料提供的佐证就显得极其重要。

西域五十五国中，有四十八国属都护管辖，其中南道十七国，中道十五国，北道十六国。另有七国，在今中亚、西亚和南亚地区，"不属都护"。

先说南道诸国。《汉书》说"自玉门、阳关出西域有两道。从鄯善傍南山北，波河西行至莎车，为南道。南道西逾葱岭则出大月氏、安息"，说的是昆仑山以北，塔里木盆地南缘。在这条通道上，悬泉汉简对其中的十国有不同程度的记载，它们是：楼兰（鄯善）、且末、小宛、精绝、扜弥、渠勒、于阗、皮山、莎车、蒲犁。比如："楼兰王以下二百六十人当东，传车马皆当柱敦。"说的就是元凤四年（前77）楼兰尚未改名为鄯善之前，楼兰王等二百多人前来中原时路过敦煌悬泉的情况。再比如："……斗六升。二月甲午，以食质子一人，鄯善使者二人，且末使者二人，莎车使者二人，扜阗（于阗）使者二人，皮山使者一人，踈勒（疏勒）使者二人，渠勒使者一人，精绝使者一人，使一人，拘弥使者一人。乙未，食渠勒副使二人；扜罙（于阗）副使二人，贵人三人；拘弥副使一人，贵人一人；莎车副使一人，贵人一人；皮山副使一人，贵人一人；精绝副使一人。乙未以食踈勒（疏勒）副使者一人，贵〔人〕三人。凡卅四人。"这是"甲午""乙未"连续两天之内，有上述十个国家的使者、副使、质子、贵人三十四人前来中原的记载。其中的楼兰、精绝、于阗等国可谓镶嵌在西域南道的明珠，在中西文化的交流、宗教的传播等方面发挥过重要作用。上世纪初，斯文·赫定和斯坦因先后多次到楼兰、尼雅、丹丹乌里克、安德悦和和田等地考察发掘，获得大量汉晋以后的各类文物。20世纪80年代到90年代，新疆有关部门单独或者采取国际合作的方式，对上述地区进行了多次发掘，都取得了丰硕成果。汉简是汉朝势力进入西域的早期记载，同后来发现的各个时代的历史文物，共同见证了丝绸之路的盛衰兴废，是最早、最原始、最具体的档案记录。

再说中道。就是天山南麓、塔里木盆地北缘。这条通道《汉书》中将其称之为北道。因为西汉时，天山以北的草原之路尚未通达，即使汉使前往乌孙，也需走天山以南，到疏勒（今喀什）后北转翻越天山到伊塞克湖附近的赤谷城。这块地段从东到西有山国、危须、焉耆、尉犁、渠犁、乌垒、轮台、龟兹、姑墨、温宿、尉头、疏勒、捐毒、休循、大宛十五国。汉简对其中的十二个国家有记载。如汉简有"甘露四年十二月□□，遣令长罗侯……守候张谭送尉犁王、王夫人使诣□三月甲辰东"，这是公元前49年1月的某天，时在西域的长罗侯常惠派人护送尉犁王及王夫人到京朝贡时留下的残缺记录。再如"永光元年二月癸亥，敦煌大守守属汉刚送客，移过所县置，自来焉者、危须、鄯善王副使……匹、牛车七两，即日发敦煌，檄到，豫自办给，法所当得。都尉以下逢迎客县界。相……"这是公元前43年4月3日，敦煌太守派员迎接上述三国使者的过所，有马若干匹，牛车七辆，从敦煌出发，东往长安。文件还强调，沿途所需自行采买，都尉以下要在县界迎接。

关于西域北道。主要指天山以北的乌孙和天山东部的一些小国，总共十六个。乌孙为最大国，有户十二万，有口六十三万，游牧于天山以北、巴尔喀什湖以南、乌鲁木齐、玛纳斯以西，地盘最为辽阔，其余十五国都在今天的哈密、吐鲁番到乌鲁木齐一带。汉简中关于乌孙的材料极为重要，乌孙最早于公元前2世纪时出现在中国的史书中。到公元5世纪，他们已消失在茫茫人海中了。但是在两汉时期尤其在西汉的两个世纪里，他们发挥过重要的历史作用。在匈奴、乌孙、汉朝的三角关系中，他们的态度和向背举足轻重。如《悬泉置元康五年正月过长罗侯费用簿》有简18枚，是一份公元前61年长罗侯常惠的部属路过悬泉置消费酒、肉、鱼、米、豉、酱的记录。吏卒的身份有长吏、军候丞、司马、斥候、弛刑士等。路过的人数分别为12人、72人、75人、300人不等，这是汉朝派长罗侯常惠出使乌孙的生动记载。诸如此类，都是我们研究汉乌关系、汉匈关系以及匈奴与乌孙关系的珍贵资料。

总之，悬泉汉简保留了大量西域都护府设立后直到西汉末年西域三十多个国家前来京师路过悬泉置停留的珍贵记录。汉朝设置西域都护府总领西域，对西域各国不采取内地的郡县制而仍其旧俗；在重要的战略地区驻兵屯田，以保障不受匈奴侵犯并负责地方治安；对大国如乌孙和龟兹辅之以和亲，结昆弟之好；注重汉文化与西域文化的交流等等，对西域广大地区进行了有效管理。从汉简材料还可看出，西域各国通过频繁地来汉活动，依附感、归属感和向心力不断增强，他们需要汉王朝的强力保护。史书的记载和出土汉简的佐证充分说明，西域都护府建立以后，汉与西域已完全形成一个统一整体。

三、悬泉汉简记载的汉王朝与中亚的关系：大宛和康居

中国最早的官方外交就是张骞出使，同中亚打交道。上面所讲汉与乌孙的关系已经涉及中亚，下面所讲大宛和康居，主要就是汉王朝与当时中亚地区的关系。

大宛，地处费尔干纳盆地，东南北三面矗立着天山山脉、吉萨尔—阿赖山脉，中间一块盆地东西长300多千米，南北宽70多千米，总面积有7800多平方千米。乌兹别克斯坦、塔吉克斯坦、吉尔吉斯斯坦三国边界犬牙交错，但盆地内的大部分土地属于乌兹别克斯坦。两千多年前张骞首到此地时，以农耕定居的居民已经有了好几百年的历史。

张骞于公元前138年出使西域，第一站就到了大宛。当时的大宛对来自远方的使者相当热情，供吃供喝，还派向导车骑，把张骞送到康居。后来由于汉武帝派使者求取汗血马不果，导致了公元前104年至前101年贰师将军李广利远征大宛的行动。最后订城下之盟，获善马数十匹而还。史书云："自贰师将军伐大宛之后，西域震惧，多遣使来贡献，汉使西域者益得职。"汉与大宛的关系在此后的一个世纪里，也基本保持了正常的往来。《汉书·西域传》把大宛列入西域都护的管辖范围，明言"康居、大月氏、安息、罽宾、乌弋之属，皆以绝远不在数中"，说明大宛同汉朝的关系不同于上述几个国家。悬泉汉简中有关大宛的记载，也提供了史书上不曾见到的材料。如"大宛贵人食七十一·凡三百一十八人"，三百一十八人中可能有其他国家的人，也可能是按人次累计。就七十一人的使团而言，出使规模也是够庞大的。还有"大宛贵人乌莫塞献橐他一匹，黄、乘、须两耳、絜一丈。死县泉置"，这是贡献的骆驼在悬泉置死亡的记载。其实，这种贡献只具有象征意义，主要体现政治上的羁縻关系。

大宛往西就是康居，它是丝绸之路上又一中亚大国。其地理范围包括哈萨克斯坦和乌兹别克斯坦大部地区。按照史书的记载，康居"与大月氏同俗"。而"大月氏本行国也，随畜移徙，与匈奴同俗"，一句话，匈奴、康居、大月氏，都是游牧部落，同大宛那样城郭定居的农耕部落有着不同的文化。康居作为游牧部落，主要的游牧地区当在锡尔河北岸，即哈萨克斯坦南部草原。但是康居有五小王，分布地区都在今乌兹别克斯坦的农耕地区。

康居与汉朝的关系有一个发展的过程。张骞初次来此，曾得到康居的友好接待。"康居传致大月氏"，同样是派车派人把张骞送到大月氏。其后太初年间（前104—前101）李广利伐大宛，康居怕唇亡而齿寒，曾为大宛后援。北匈奴郅支单于西逃塔拉斯河（今江布尔州），康居与之结盟，互为翁婿。建昭三年（前36）陈汤伐郅支，康居又暗地里支持郅支。古往今来的国际外交从来都是以自身的利益为转移，康居在当时错综复杂的周边环境下，不同时期采取不同的态度，都属于外交史上正常的动态反应。悬泉汉简关于康居的记载，大都属于往来通好路过时留下的记录，主要反映两国间的正常来往。比如："甘露二年正月庚戌，敦煌大守千秋、库令贺兼行丞事，敢告酒泉大守府卒人：安远侯遣比胥鞬罢军候丞赵千秋上书，送康居王使者二人、贵人十人、从者六十四人。献马二匹、橐他十四。私马九匹、驴卅一匹、橐他廿五匹、牛一。戊申入玉门关，已阅〔名〕籍、畜财、财物。"这是敦煌太守府发往酒泉太守府的平行文书，时在公元前52年3月8日。此次康居王所派使团，从使者、贵人到从者，一共76人，随行大牲畜78头。这在当时中西交通的大道上不能不算是一支浩浩荡荡的队伍。要接待这样一支庞大的使团，沿途如敦煌、酒泉等地的地方官员必须认真办理，否则要受到朝廷的追责。康居使团所带78头大牲畜中，有贡献的马匹和骆驼若干，有私马、驴、驼、牛若干，前者是给朝廷的贡物，后者可能是使团人员自己的乘驾。至于牛，或可为沿途遇到困难时，以供宰杀食用。

古代中国与中亚的外交关系自张骞揭开序幕后，大量的汉简材料为其增添了许多鲜活的细节，具体而生动。"一带一路"的建设，可以由此追溯到2000多年以前的汉朝。

四、悬泉汉简记载的汉王朝与西亚及南亚的关系：大月氏、乌弋山离和罽宾

大月氏最早是河西走廊的一个游牧部落："随畜移徙，与匈奴同俗。控弦十余万，故强轻匈奴。本居敦煌、祁连间。"（《汉书·西域传》）但根据近年的考古调查，可能

从天山以东到河西走廊都曾是大月氏的活动范围。汉朝初年，由于匈奴崛起，迫使大月氏不断西迁，最终定居在阿富汗北部。张骞到来时，大月氏已臣服大夏，都蓝氏城（史书也作监氏城），在今阿富汗北部的巴尔赫。已从游牧生活逐步转为农耕定居。但大夏有五翕侯，大致都分布在今天的瓦罕峡谷，仍属游牧部落。到公元以后的半个世纪里，五翕侯当中的贵霜翕侯逐步强大，统一大夏，建立了贵霜帝国。在以后的几个世纪里，贵霜帝国、波斯帝国、罗马帝国同东方的中国成为欧亚大陆的四大帝国，对世界历史的发展产生过重大影响。

从大月氏臣服大夏到贵霜帝国建立之前一个多世纪，由于材料的缺乏，我们还处在一种无法认知的茫然状态，因之学术界称之为"黑暗时代"（《中亚文明史》第二卷第137页）。悬泉汉简关于大月氏的记载，正是公元前半个世纪的材料，可以使这段黑暗的时代看到不少光明。如："甘露二年三月丙午，使主客郎中臣超承制诏侍御史曰：顷都内令霸、副侯忠使送大月氏诸国客，与序候张寿、侯尊俱为驾二封轺传、二人共载。御属臣弘行御史大夫事，下扶风厩，承书以次为驾，当舍传舍，如律令。"这是公元前52年5月3日，御史大夫府开具的一封传信。要求从扶风厩以西的沿途驿站都要为前送大月氏诸国客的使者提供食宿和车辆。简中所谓"大月氏诸国客"者，说明除大月氏使者外，还有其他西域国家的客人。从史书记载看，宣帝甘露年间（前53—前50），汉与乌孙的关系可谓浓墨重彩，而汉与大月氏关系只见诸汉简。

还有，"使大月氏副右将军史柏、圣忠将大月氏双靡翕侯使者万若，山副使苏赖，皆奉献言事诣行在所，以令为驾一乘传。永光元年四月丁酉朔壬寅，敦煌大守千秋、长史章、仓长光兼行丞事，谓敦煌：以次为驾，当传舍，如律令。四月丙午过，东"，这是敦煌太守出具的传信，时在公元前43年5月12日。四天以后，即5月16日路过悬泉置，大意是朝廷派出使者出使大月氏东返时与大月氏双靡翕侯的使者万若和山国使者苏赖一同路过敦煌悬泉置，他们要"奉献言事诣行在所"，即要面见天子，有事情上奏。大月氏有五翕侯，此简有双靡翕侯派使者来汉，同康居王以下苏薤王派使者来汉的情况相似，他们事实上是康居王、大月氏领属下并有独立外交的地方君长，大致在西汉后期。史书中关于佛教的东传有一条最早的记载："汉哀帝元寿元年，博士弟子景卢受大月氏王使伊存口受《浮屠经》。"（《三国志》裴松之注引《魏略·西戎传》）不管这条材料的真实性如何，大月氏在贵霜帝国建立前已经笃信佛教，西汉末年的大月氏仍与汉王朝保持着密切的来往，这是可以肯定的事实。贵霜帝国在中西文化的交流尤其在佛教的传播方面作出重大贡献，后世前来中土的传法高僧如支娄迦谶、支谦、支昙钥、释昙迁等都是月支人。敦煌高僧竺法护，其先也是月支人。或许，他们的历史都可追溯到汉简的时代。

乌弋山离，其地在安息的东部，以阿富汗南部的坎大哈和锡斯坦为中心，西到兴都库什山，东到克尔曼沙漠，是往昔安息东部的德兰努亚那和阿拉科西亚两个行省的地盘，早先是安息王朝的统治地区。大约在公元前128年，大批塞人南下引起十数年的动乱，安息王派贵族苏林率军镇压。结果苏林镇压塞人后，自己建起了独裁政权，从此有了乌弋山离。《汉书》中有专条记载，悬泉汉简也有乌弋山离来汉的记录。汉简的记载用原始档案把汉朝和乌弋山离连在了一起。

罽宾是大月氏西迁中亚后迫使塞人南迁建立的国家，所谓"昔匈奴破大月氏，大月氏西君大夏，而塞王南君罽宾"，王治循鲜城，在今天巴基斯坦西北部的塔克西拉（咀叉始罗）。此地虽四面环山，但山间盆地的自然环境良好，是今天巴基斯坦的工业基地。两千多年前，由西域通往罽宾的道路极其艰险，史书记载其道路绝远，"又历大头痛、小头痛之山，赤土、身热之阪，令人身热无色，头痛呕吐，驴畜尽然"，显然是高原反应十分强烈。"又有三池、盘石阪，道狭者尺六七寸，长者径三十里。行者骑步相持，绳索相引，二千余里乃到悬度"，不光道路崎岖，还要经过悬度，就是在悬崖深涧，要利用绳索才能悬空而度，十分危险，"畜坠，未半阬谷尽靡碎；人堕，势不得相收视。险阻危害，不可胜言"。根据史书的记载，汉武帝时期已通罽宾，但罽宾王自以为道路绝远"兵不至也"。先有乌头劳剽杀汉使，后有阴末赴杀汉副使以下七十余人，所以汉与罽宾的关系时断时续。英国考古学家约翰·马歇尔（1876—1958）曾在 20 世纪前 50 年里，在印度和巴基斯坦进行了长达半个世纪的考古发掘，出版了《塔克西拉》三卷本巨著。发现了 2500 年前波斯统治时期到佛教兴起后的大量遗迹遗物，证明此处曾是早期的佛教圣地。悬泉汉简中有关罽宾的记载如："出钱百六十，沽酒一石六斗。以食守属董并、叶贺所送沙车使者一人、罽宾使者二人、祭越使者一人，凡四人，人四食，食一斗。"汉简与史书记载，前后印证了中原与南亚次大陆的久远关系。

原载《光明日报》2016 年 10 月 13 日；刘伟主编《中华文明十二讲》，上海大学出版社，2018 年

第一任西域都护郑吉"数出西域"考论

　　第一任西域都护郑吉在中西交通史和西域史上都具有堪与张骞"凿空"相比肩的重要地位，其历史功绩和对后世的影响前人早有很多论述。本人不揣谫陋，对一些意犹未尽或未曾涉及的问题再做一些探讨，以期求正于史界方家。

　　"郑吉，会稽人也，以卒伍从军，数出西域，由是为郎。吉为人强执，习外国事。自张骞通西域，李广利征伐之后，初置校尉，屯田渠黎。至宣帝时，吉以侍郎田渠黎，积谷，因发诸国兵攻破车师，迁卫司马，使护鄯善以西南道。神爵中，匈奴乖乱，日逐王先贤掸欲降汉，使人与吉相闻。吉发渠黎、龟兹诸国五万人迎日逐王……遂将诣京师。汉封日逐王为归德侯。吉既破车师，降日逐，威震西域，遂并护车师以西北道，故号都护。都护之置自吉始焉。"（《汉书·郑吉传》）

郑吉之所以屡建奇功彪炳史册，最终将 200 多万平方千米的辽阔疆土划归中央王朝所有，除了他坚韧的性格、坚强的意志和当时汉帝国雄视天下、积极进取的开拓精神给朝野上下带来的大一统理念和为国家建功立业的志向追求外，还与他"数出西域"，"习知外国事"，具有广博的中外知识有直接关系。那么"数出西域"，指的是哪几次？史书记载阙略，后人也未曾给予应有的关注，所以无法坐实。但这个问题牵涉郑吉一生的具体活动和由此而形成的最终使其堪当重任成就伟业的独特经历和性格气质，所以研究这个问题是有意义的。

首先，郑吉的生卒年月需要考证。《汉书·景武昭宣元成功臣表》：郑吉于神爵三年（前 59）四月壬戌因迎日逐破车师被封安远缪侯，在位十一年薨。那么郑吉死于黄龙元年（前 49）。根据《西域传》："地节二年（前 68），汉遣侍郎郑吉、校尉司马憙将免刑罪人田渠犁，积谷，欲以攻车师。"就是说，从地节二年（前 68）到黄龙元年（前 49），郑吉在西域连续工作 20 年。郑吉生于何时，享年多长？史籍未载，唯一的办法就是依据当时朝廷官员的平均寿命作一些推测。袁祖亮主编的《中国人口通史》对各阶层人口的平均寿命作了研究，可惜其第 2 卷《秦西汉卷》似未出版，所能见到的只是袁延胜所著第 3 卷《东汉卷》。其中第七章专讲东汉时期的人口寿命，对《后汉书》所载官吏、学者、处士等的寿命作了统计分析。所得结论是，

《后汉书》所载上述人物有明确年龄记载的141人，除18人非正常死亡，其余123人的平均寿命是71.80岁。年龄在70岁以上者87人，占总数的70.74%。另，尹湾汉简记载元延元年至三年（前12—前10）东海郡1394196总人口中，80岁以上者有33871人，90岁以上者有11670人，两者占总人口的3.3%，这个比例在当代也算是高寿人口。所以如果取平均寿命，郑吉享年当为70岁左右。准此，郑吉的生年当在元狩三年（前120）左右。

其次，郑吉"数出西域"当不包括其于地节二年（前68）到黄龙元年（前49）在西域连续任职的20年时间，因为史书的记载倒是很清楚，唯有前者才奠定了后者，所以"数出西域"的具体时间当在地节二年以前。那么结合汉朝在此之前用兵西域的历史背景，郑吉的活动或可做出初步推论。

地节二年（前68）以前，汉朝正式用兵西域者总共8次，其中武帝时5次，昭帝时2次，宣帝时1次。

武帝时两击楼兰，一击大宛，两击车师。第一次元封三年（前108），赵破奴和王恢"将属国骑及郡兵数万"，"虏楼兰王，遂破姑师"。原因是此二国地处西域门户，"数劫杀汉使，又为匈奴耳目"（《汉书·西域传》）。但此次战役时的郑吉，还是少年，十一二岁，尚未到从军的年龄，所以第一次用兵西域的行列里，不可能有郑吉的影子。

第二次楼兰之战,《通鉴》系之于太初四年（前101）。原因是匈奴乘贰师将军远攻大宛之机,想利用楼兰从后面偷袭汉朝出关作战的零星部队。但此事被驻屯敦煌的军正任文得知,奉命就近捕得楼兰王。但严格意义上说,主战场远在费尔干纳盆地,楼兰之战只是大宛战役中的一个插曲。再说此时的郑吉即令从军入伍,也可能在李广利的大军之中,不可能屯驻敦煌。大宛之战耗时四年,出兵两次,先后出关作战者十多万人,转输供应者撼动全国。这是中国古代史上征程最远,条件最恶劣,汉武帝几乎倾全国人力、物力、财力而发动的一次大仗。当时的郑吉十七八岁,投身卒伍,血气方刚,不可能不参加这样一次举国发动的军事行动。所以,大宛之战有可能是郑吉"数出西域"的第一次。

此后,汉朝曾两击车师,一次是天汉二年（前99）,一次是征和三年（前90）。前者的背景是贰师将军李广利三万骑出酒泉,击右贤王于天山,"得胡首虏万余级而还",因杆将军公孙敖出西河,与强弩都尉路博德会涿涂山,皆无所得。而李广的孙子李陵步骑五千,在居延以北千余里与单于战,"陵降匈奴,其兵遂没,得还者四百人"（《史记·匈奴列传》）。为配合此次李广利西击右贤王的战役,汉"以匈奴降者介和王为开陵侯,将楼兰国兵始击车师,匈奴遣右贤王将数万骑救之,汉兵不利,引去"（《汉书·西域传》）。史称"汉争车师者一,汉未得车师"

（王先谦《汉书补注》）。后者是征和三年（前90）贰师将军李广利七万人出五原，御史大夫商丘成三万人出西河，重合侯马通四万骑出酒泉，三军十四万人北击匈奴。为配合正面战场消除侧翼之危险，"复遣开陵侯将楼兰、尉犁、危须凡六国兵别击车师，勿令得遮重合侯。诸国兵共围车师，车师王降服，臣属汉"。史称"此汉争车师者二，汉得车师"。十年之内两击车师，其共同特点一是前线主将都是匈奴降王开陵侯成娩；二是前线主力分别是楼兰兵和楼兰等西域六国兵；三是作战对象和战略意图都是侧翼配合并牵制匈奴右部及其控制下的车师。从上述三个特点看，郑吉未曾参与其事。

昭帝时一次是傅介子于元凤四年（前77）刺杀楼兰王，一次是扞弥太子赖丹以汉校尉屯田渠犁而被龟兹所杀。我们认为，两次中郑吉至少得有一次参加，否则"数出西域"的叙述就无从说起。先说赖丹屯田龟兹，最后除本人被杀外，所将人马被杀被俘或者逃亡而不知所终。即令郑吉当时作为其中的一员逃回汉地，其后来的履历也会受到影响，以普通士兵进而为郎、为侍郎的升进路线就会大打折扣。所以郑吉参加赖丹屯田的可能性不大，唯一可能是跟随傅介子有过轻骑到楼兰的记录。

宣帝时一次，就是常惠出使乌孙，护乌孙五万骑进攻匈奴并在路过时攻打过龟兹。本始二年（前72）乌孙昆弥和公主为匈奴的长期欺凌所迫而请求汉朝的保护，常惠以光禄大夫率五百人出使乌孙。次年，朝廷以五将军十五万骑击匈奴而无所得，唯常惠护乌孙兵五万骑大获全胜，斩捕首虏四万余级，获马牛羊等 70 余万头，"匈奴遂耗衰，怨乌孙"。加上当年冬天，"丁令乘弱攻其北，乌桓入其东，乌孙击其西。凡三国所杀数万级，马数万匹，牛羊甚众。又重以饿死，人民死者什三，畜产什五，匈奴大虚弱，诸国羁属者皆瓦解，攻盗不能理"（《汉书·匈奴传》）。后来常惠回返时曾发诸国兵五万人围攻龟兹，责问前杀赖丹事，结果是龟兹降服，诛杀贵人姑翼而班师回朝。此事距郑吉以侍郎屯田渠犁相隔三年，如果其不在常惠手下有过突出的表现，这样一个重大使命不可能落在他的肩上。所以，常惠出使乌孙并大胜回朝，郑吉毫无例外是其中的一员。

总之，分析上述汉朝进兵西域的 8 次战况，第一任西域都护郑吉在承担完成其历史使命前所谓"数出西域"，至少应包括跟随李广利远征大宛，跟随傅介子袭杀楼兰王和跟随常惠出使乌孙、围攻龟兹。

正是由于郑吉曾"数出西域"，参加了上述几次重大的军事行动，丰富了阅历，增长了见闻，铸就了堪当大任的人格品质和事业追求，最终完成了汉武帝"广地万里，重九译，致殊俗，威德遍于四海"（《汉书·张骞传》）的宏伟战略。从张骞出使（前139）到西域都护府的建立（前60）前后近80年时间，"汉之号令班西域矣，始自张骞而成于郑吉"（《汉书·郑吉传》），第一任西域都护郑吉理所当然地在开拓西域的过程中成为可与张骞比肩的历史人物。

原载《西域研究》2011 年第 2 期

从长安到敦煌

——略述丝绸之路东段交通的行进速度与节奏

 一般在对丝绸之路的考察中，学界通常把长安到欧洲地中海沿岸以及南亚次大陆的路线分为东、中、西三段，从长安到敦煌为东段，从两关以西至葱岭（即帕米尔）即今新疆地区为中段，葱岭以西为西段。在过去的研究中，我们对行走路线以及各个站点的空间位置比较关注，但对行进速度及往返周期等时间上的问题关注较少，以致对从某地到某地需要多长时间诸如此类的问题，尚不十分清晰。本文根据出土汉简和文献记载，对汉唐至明清人们从长安到敦煌，在选择不同的行走路线、面对不同的社会环境、利用不同的交通工具以及肩负不同的出使使命的情况下所需要的时间作一些初步考察，供人们全方位思考丝绸之路时提供参考。

 众所周知，张骞通西域，从公元前138年出发到公元前126年返回，用了13年时间。但是其中的十多年里并不在路上，而是在往返酒泉某地时，被匈奴羁留，大部分时间是在匈奴度过的。紧接着，张骞第二次出使西域，霍去病远征河西设四郡据两关、李广利远征大宛（前104—前101）、汉朝派使者校尉屯田渠犁、设立西域都护府（前60）等等，中原与西域的道路得以畅通。在这种情况下，长安到敦煌需要多长时间？

我们先举军情急报的例子。神爵元年（前61），先零羌反，宣帝派赵充国率大军出兵金城（郡治允吾，在今河口一带）。当时朝廷议决的方略是先剿依附先零但势力比较弱小的罕、开二种（羌人种落），然后再集中力量平定先零。但是赵充国上书陈策，不同意这种方案。他认为对罕、开可采取招抚，施以恩惠，瓦解先零与罕、开二种的盟约，起到孤立先零的作用，然后再集中力量平定先零。大军出征，箭在弦上。两种意见，截然相反。赵充国的上奏需要以最快的速度在最短的时间上奏皇上，由皇上来作出裁夺。史书记载："六月戊申奏，七月甲寅玺书报从充国计焉。"这是我们看到的有准确记载的速度最快的奏报。赵充国在公元前61年8月20日上奏，8月26日得到皇帝的玺书，前后七天时间。七天中，包括了上奏到达朝廷后，皇上召集公卿大臣廷议决策的时间，至少得一天。如此，六天时间，从金城到长安一个来回，三天一个单趟，有700多千米，使者每天至少要跑240千米，马不停蹄，日夜兼程，速度达每小时10千米，6分钟1千米。这在当时驿路畅通的情况下，每个驿站快马飞报，才可实现。按此速度，长安到敦煌有 1800 千米左右的距离，如果是皇帝的紧急诏书和出征将领的军情急务，信息传递至少需要七到八天时间。也就是说，河西边郡包括敦煌在内，一旦有紧急情况，汉塞烽燧和沿途驿站，可将消息在八天之内上报朝廷。

但上面的例子，只有在烽火边警、国家安全受到严重威胁时，才可启动如此高效的运转机制。至于正常的官员出使，那就是另一种速度。根据汉简的记载，举下面几个不同的事例：

永光五年（前 39），一位叫李忠的官员丢失了一份重要公文。为防止不法之人获此以从事不法活动，朝廷向全国发通报悬赏，要求获此公文者必须尽快上交官府，否则要严加惩处。这份通报从六月乙亥（7 月 23 日）发出，七月庚申（9 月 6 日）到敦煌，走了 46 天。再如，也是永光五年（前 39），有康居王使者一行前来汉朝贡献通好，结果到酒泉后由于在评估贡物和接待方面的一些具体细节与地方官员发生了纠纷，结果康居使者将此事上告朝廷，朝廷派负责外交事务的官员到酒泉、敦煌沿途追查。该官员从是年六月癸酉（7 月 21 日）从长安出发，至七月庚申（9 月 6 日）到敦煌，途中用了 47 天。按照当时的行程要求，"率日行百里"，相当于今天 41 千米左右。从长安到敦煌，约 1800 千米，4300 多汉里，一般需要 40 多天时间。上面两例的速度基本与此吻合。

当然也有比此更快的情况。如甘露四年（前50），朝廷派一位名叫马仓的郎中到敦煌来督办开挖井渠之事，他六月辛丑（8月16日）从长安出发，至七月癸亥（9月7日）到达悬泉置，走了23天，走得相当快。每天要走近80千米。当时，朝廷与乌孙有事，（乌孙都城在赤谷城，今吉尔吉斯斯坦伊塞克湖附近）准备发兵攻乌孙，穿渠治水是当时的军情要务，可能需要加快速度。还有，建平三年（前3），朝廷派了一位叫忠的人来敦煌出任玉门都尉。他在五月壬子（6月21日）从长安出发，六月丙戌（7月25日）到敦煌悬泉置，一共走了34天。玉门都尉，属于驻边军官，上任履职，不能延误，比正常速度提前了十天。

汉朝时从长安到敦煌的路线，主要是沿今天312国道从西安到平凉后，沿六盘山东侧西北行，进入景泰直插武威，不经过今天的兰州。朝廷的官员出行，借助沿途驿站，乘驿站的传车一站一站前进。像悬泉置这样的驿站在敦煌郡就有九处之多，每处相距30千米。驿站除了有一定数量的驿马专供传递公文信件外，还须有一定数量的传车供来往使者和客人乘坐。如悬泉置，就有定额传马40匹，传车10—15辆，工作人员37人左右。传车要根据身份地位的不同分为一马二马所驾的轺车和四马所驾的乘传。上述例子中的官员从长安到敦煌，都是乘坐像悬泉置这样的驿置接待机构提供的车辆行进的。

至于民间的商贸团队，我们还没有准确的材料可资说明。《汉书》中有笼统的记载，说"初置酒泉郡，以通西北国。因益发使抵安息、奄蔡、犁靬、条支、身毒国。而天子好宛马，使者相望于道，一辈大者数百，少者百余人，所赍操，大放博望侯时。其后益习而衰少焉。汉率一岁中使者多者十余，少者五六辈，远者八九岁，近者数岁而反"。看得出来，这段文字中虽然说的是天子派出的使团，但实际上也就是当时政策鼓励下经朝廷认可的民间商贸，出使的目的主要是经商贸易。他们"远者八九岁，近者数岁而反"，材料太笼统，无法知道其具体行程和时日。

东晋时有一位叫法显的和尚，他于 399 年前往印度取经，到 412 年才从海路回到青岛。法显西行，正当北方十六国纷争，他从 399 年出发，由长安经乞伏乾归的西秦（都金城，即今兰州），然后夏坐，再到秃发南凉（都城已由乐都迁西宁），过扁都口进张掖。当时张掖的后凉政权已被段业所取代，法显在张掖夏坐后，又至李暠西凉政权控制下的敦煌。先后历西秦、南凉、北凉、西凉四个割据政权。仅长安到敦煌就用了两年时间。一百多年后，敦煌人宋云，受北魏胡太后派遣往印度，求得一百七十部大乘佛经。其西行路线大致从北魏首都洛阳出发，经陕西、甘肃，从河州渡河，经柴达木盆地，过若羌，沿昆仑山北麓越帕米尔、兴都库什山，经今阿富汗到巴基斯坦白沙瓦。

从神龟元年（518）年底到正光三年（522），来回四年多时间。

大唐高僧玄奘西天取经，贞观元年（627）八月从长安出发，经过四个多月的跋涉，至贞观二年年初才到高昌。根据《大慈恩寺三藏法师传》的记载，他的行程是这样："时有秦州僧孝达在京学《涅盘经》，功毕返乡，遂与俱去。至秦州，停一宿，逢兰州伴，又随去兰州。一宿，遇凉州人送官马归，又随去至彼。停月余日……时国政尚新，疆场未远，禁约百姓不许出蕃。时李大亮为凉州都督，既奉严敕，防禁特切……彼有慧威法师，河西之领袖，神悟聪哲，既重法师辞理，复闻求法之志，深生随喜，密遣二弟子，一曰慧琳、一曰道整，窃送向西。自是不敢公出，乃昼伏夜行，遂至瓜州。"根据后人研究，玄奘在凉州停留月余，在瓜州停留月余。"从京师西北行三千三百里至瓜州"，以每日百里计，至少也须三十余日。从瓜州到伊吾（哈密），路途极为艰险，"惟望骨聚马粪等渐进……是时四顾茫然，人鸟俱绝。夜则妖魑举火，烂若繁星，昼则惊风拥沙，散如时雨"，曾四日五夜未曾见水。

五代后晋天福三年（938），于阗王李圣天派使者到后晋都城开封奉献，石敬瑭派臣下张匡邺、高居诲前往于阗册封于阗王为大宝于阗国王，他们从天福三年出发到天福七年返回（938—942），来回历时四年。主要是从灵州（银川一带）出发，经腾格里沙漠到民勤，再经凉州、甘州、肃州、沙州，进入于阗，沿途经过党项、吐蕃、曹氏归义军以及敦煌以西的一些割据政权，这些割据势力一路设关卡，导致中西往来受阻。

耶律楚材跟随成吉思汗远征西域，从 1218 年到 1224 年，历六年时间，远达中亚的花剌子模（现在乌兹别克斯坦）。长春真人丘处机于 1219 年受成吉思汗征召西行，至 1221 年到阿富汗北部成吉思汗的帐前谒见，走了三年时间。不过，这两位从今天的内蒙古地区经阿尔泰山往西行，未走河西走廊。

明初的陈诚曾多次出使西域，其中第二次出使帖木耳帝国首都哈烈（今阿富汗赫拉特），有《西域行程记》和《西域番国志》传世。当时，陈诚的使团从永乐十一年（1413）由北京出发，至永乐十二年（1414）正月到达酒泉，用了三个多月时间。《西域行程记》的记载是以永乐十二年正月十三日（1414 年 2 月 3 日）陈诚一行从陕西行都司肃州卫出发往西开始的，他们沿途经新疆伊犁，再经中亚撒马尔罕，于闰九月初一日（10 月 14 日）到达目的地。从酒泉到阿富汗的赫拉特，一共走了 254 天。而这次出使的全程，从永乐十一年九月于北京出发至永乐十三年十月再回到北京，来回用了两年时间。

到了清代，尤其是新疆建省以后，通往西域的交通正常化，一般的行程，从西安到敦煌需要两个月左右。下面是四个具体例子：一是嘉庆四年（1799），著名西北史地学家洪亮吉因言获罪，斩立决，后免死发配伊犁，著有《伊犁日记》和《天山客话》。他从是年八月二十九日（9月28日）出北京，经河北、山西、陕西，于次年二月初十日（1800年3月5日）到伊犁将军府报到，一路走了161天。期间，他于十月十一日（1799年11月8日）从西安出发，十二月十五日（1800年1月9日）到敦煌柳园，行走63天。二是咸丰年间，倭仁被任为叶尔羌帮办大臣。根据其《莎车行纪》的记载，他从咸丰元年正月二十日（1851年2月20日）从北京起程，七月初三日（7月30日）到叶尔羌任所，也是走了161天。其中从西安到敦煌，从二月二十七日（3月29日）到四月二十二日（5月22日），走了54天。三是林则徐鸦片战争后于1842年被发配伊犁。他的《荷戈纪程》是每天的行程日记。他从是年七月初六（8月11日）从西安动身，沿今312国道，经兰州到敦煌，九月十六日（10月19日）到柳园，走了70天。四是浙江秀水人陶模于光绪十七年（1891）被授甘肃新疆巡抚后赴任，其子陶保廉一路陪同，并有《辛卯侍行记》一书。他们于九月十四日（10月16日）从西安起程，十一月十二日（12月12日）到柳园，走了58天。值得注意的是，上述四例中的西进人物，都是当时的封疆大吏或学界名流，有着极高的社会地位和影响，不管是前往赴任还是发配流放，一路都有门生故吏和沿途官员的应酬接待，自然要耽误一些时间。

从上面所举汉唐到明清的例子中，可以引出如下的看法：（一）汉唐到明清的两千多年中，在人类还没有发明机动车辆之前，从长安到敦煌的时间，需要一个半月到两个月，两千年中没有根本的变化。因为交通工具都是一如既往地乘坐马车或骑乘驼、马。（二）在国力强盛而大一统的情况下，从中原到西域，必然的选择就是河西走廊的宽阔大道，汉代、唐代和清代的大多数时间都是如此。而在民族纷争、割据林立的情况下，只能选择人烟稀少的柴达木盆地或漠北之路。（三）以法显、宋云、玄奘为代表的出行僧人，他们一路行走还要一路弘法，交游僧众，所以他们的出行没有时间上的限制，一次出游，花费数年数十年都是正常的。（四）当时的民间商团基本都持有朝廷的凭据和节信，受到政府的保护鼓励，得到沿途传舍驿站的接待，在域外的活动很大程度上也代表朝廷的意旨和对外方针，所以他们的出行速度，亦可参照官员使者的行进节奏。

原载《甘肃日报》2016 年 9 月 20 日第 6 版

小人物和大事件

——悬泉置啬夫弘

悬泉置是矗立在河西走廊东西大道上的一座驿置机构，主要负责传递朝廷官府的公文信件和出征将士的军情急报、接待来往路过的各级官员和中外使者。而悬泉置啬夫就是该机关的主要负责人，单位"一把手"。悬泉置人员编制有"官卒徒御"37人，定额员马40匹，传车10—15辆。还养牛若干，有牛车3—5辆。下设机构有悬泉厩、悬泉厨、悬泉传舍、悬泉驿、悬泉邮等等。

悬泉置的办公房屋坐落在今天敦煌和瓜州两地交界处一座小山坡下。为一座50米×50米面朝东的土筑院落，院子里有大小不等土房28间。这些房屋除工作人员办公、住宿外，还供来往客人住宿。荒野戈壁，条件有限，不管身份高低，路过此地，都只能住在这里。汉代像悬泉置这样的机构每隔30千米即有一处，绵延分布于丝绸之路的大道上，最西部的敦煌郡一个郡的地面上就有9座。内地和边疆也都如此，说明当时交通畅达，国力强盛。

悬泉置的特殊在于它地处西北边疆，是丝绸之路的一个关键节点。南面不远处是三危山余脉火焰山，终年流淌的悬泉水出自一千米之外的山涧之中。北面是由东往西的疏勒河和连绵不断的汉塞烽燧。2000 年前自然生态比现在好得多，水源充沛、植被覆盖率高。敦煌郡六个县分布在大片的绿洲之上。绿洲、戈壁、河流以及祁连雪山形成这里的基本气候。

悬泉置全称应是"敦煌郡效谷县悬泉置"，它的经费主要由县廷下拨或据实报销，粮食草料等物资除了郡县调拨以外，可能还要向周围老百姓购买。有些饲草可能还要自己收割储存。

汉代从朝廷到地方很多基层单位的领导统称为"啬夫"，类别很多，类似于今天所说的"单位主要领导"。从秩级上说，有"有秩啬夫"和"斗食啬夫"，"有秩"是年俸百石的基层吏员，"斗食"的年俸不过百石。悬泉置是一个重要机构，事权重大，主要负责人应是有秩啬夫。

在悬泉置存在的 200 年历史中，置啬夫弘是任职时间最长的一个。从元康三年（前 63）一直到初元四年（前45），前后 19 年时间。汉人虽然重名很多，但是在一个岗位上先后由重名的人相继任职，几率很小。

悬泉置啬夫弘大概来自本县效谷县宜农里，家有资产和土地，识过字，有文化，25 岁左右出任悬泉置啬夫。

他个人好学上进，见识广博，再加上长期的历练，接触过中外各色人等，通晓内外大事，了解朝廷的大政方针，勤勉工作，忠于职守，一干就是19年。19年中，很多涉及丝绸之路和中西交通的国内外大事都和他有着直接或间接的关系。

公元前61年初春的一天，啬夫弘比以往任何时候起得都早。他指挥置内人员打扫完院落卫生，正正衣冠，来到院外的大道上往东眺望。因为早几天已经接到通知，今天将有一次重大的接待活动，长罗侯常惠的一队人马要路过此地前往西域的乌孙。乌孙王翁归靡年老病重，将不久于人世，解忧公主给朝廷上书，愿以其长子元贵靡继承王位，希望朝廷继续派公主和亲，使汉乌关系得以永久牢固。今天所来长罗侯的人马可能就是前去打前站的。啬夫弘同一二随从伫立在这东西大道上，迎着春日的阳光，不禁有点小小的兴奋。弘在想，长罗侯可不是一般的官员，他十几岁就跟苏武一起出使匈奴，结果被匈奴拘押十九年。在其漫长的岁月中，不辱使命，忠于朝廷，早已传为美谈。后来衔命西来，多次出使乌孙。尤其在公元前71年，朝廷发兵十五万骑，五将军分道击匈奴，只有常惠以校尉身份在乌孙发兵五万西击右谷蠡王，斩获四万余级，得马牛羊驴骆驼等七十余万头，给西部匈奴以毁灭性打击。能接待这样一位人物的部队，啬夫弘油然而起一种庄严感和神圣感。后来的几个时辰里，随着大路上扬起的风尘，长罗侯的人马陆续到达，共384人，其中军候以下各类官员和戍卒84人、弛刑士300人。啬夫弘尽其所有，尽情招待，为这些出征将士提供了丰盛的肴馔，光摆上餐桌的食品就有十多种：牛、羊、鸡、鱼、酒、米、粟、酱、豉、羹等等，应有尽有。当然级别不同招待的规格也不同，这都有当时的规定。啬夫弘深知，这些将士们身上承载着朝廷的使命，关系到国家利益，涉及汉朝与西域、乌孙的关系。所以，做好悬泉置的每项工作不仅是职责所在，也是对国家的贡献。

第二年，即公元前60年，更是一个风起云涌的年代。啬夫弘在他的职任上经历了很多震惊中外的大事。第一件就是金城西部的西羌反叛，杀掠吏民，整个河西处在民族纷争中。朝廷派后将军赵充国率六万余骑前往镇压。皇帝下诏，要破羌将军辛武贤率兵六千，敦煌太守快出兵二千，酒泉候冯奉世率婼、月氏兵四千配合作战。当时军书旁午，边疆动乱，朝廷与敦煌的联系全靠悬泉置发挥作用。啬夫弘在敦煌这样的地方任职多年，深知北方的匈奴和南边的羌人，一旦处置不当，就会带来很大后患。第二件就是上面说过的汉与匈奴和亲的事。本来皇帝已经决定选择解忧公主的堂妹相夫前往乌孙，嫁给翁归靡和解忧公主的长子元贵靡为妻，等翁归靡死后继承王位。但是等长罗侯一行人马把少公主送到敦煌准备出关时，情况却发生了变化。翁归靡死了以后，乌孙贵人未立元贵靡为王，却把亲匈奴的岑陬的儿子泥靡立为嗣王。情况突变，事关重大。少公主逗留敦煌一阵后被朝廷招回，长罗侯则驰奔乌孙加以责问。少公主来回路过悬泉置，啬夫弘都安排了精心的接待。他心里明白，同样都是置啬夫，内地和其他地区的置啬夫并没有这样的幸运。第三件事更重要，就是匈奴日逐王路过悬泉置。早一个世纪前，匈奴西边日逐王就派僮仆都尉统领西域，常居焉耆、危须、尉犁间，"赋税诸国，取富给焉"。从张骞出使到目前为止八十年来，西域一直是汉与匈奴争夺的焦点。神爵二年（前60）秋天，因为日逐王先贤掸与匈奴单于发生了矛盾，日逐王索性率人众万余投降汉朝。这是汉匈关系史上划时代的大事，朝廷的重视程度可想而知。朝廷立即责令早在渠黎屯田的侍郎郑吉发龟兹诸国兵五万多人迎接日逐王，并保护日逐王从西域进入河西，再到长安；同时由车骑将军韩增奏请宣帝，立即派出官员于是年八月驰往敦煌、酒泉迎接。悬泉汉简有记载，此时的啬夫弘正在他的岗位上操办车辆、马匹、粮草、酒肉，准备迎接日逐王。日逐王所带一万多人马在郑吉的带领下是否全部开往长安，还不好确定，但可以肯定的是，日逐王及其上层要到长安面见皇帝接受封赐。就在公元前60年12月30日这天，冬至刚过，有一份传马爰书（法律文书）留在了悬泉置，说有一匹传马在迎送日逐王的时候病死在冥安县，实际上可能就是累死的。可见当时的悬泉置以及置啬夫弘，为迎接日逐王降汉，使出了多大的力气！从历史的眼光看，此事的深远意义在于，从此后，汉朝设立西域都护府，郑吉"中西域而立莫府，治乌垒城，镇抚诸国，诛伐怀集之。汉之号令班西域矣"。西域200多万平方千米的土地从此纳入中原的版图，几乎影响了中国史和世界史的发展走向。此时的啬夫弘站立在悬泉置南面的土冈上，西望遥远的大漠戈壁和山山水水，心中着实有一种成就感。虽然自己是一个基层小官，但每件工作都与朝廷的大事连在一起。

在啬夫弘履职期间，诸如此类的故事还有很多，比如甘露年间（前53—前50）解忧公主年老思土返回京师；冯夫人锦车持节穿梭来往于汉与乌孙之间；乌孙分为二部，大小昆弥受汉印绶，同来京师朝拜；长罗侯常惠三校人马屯田赤谷（乌孙的牙帐）等等，啬夫弘都亲历亲见，亲操亲办，为这些中外使者提供了长途跋涉后的短暂休息和宾至如归的食宿环境。

汉代的外交官享受什么待遇？汉简告诉你

　　中国素以发达的外交文化而著称。从先秦两汉的典籍中，光外交辞令就可编一本厚厚的工具书。但那个时候的外交，用我们今天的眼光看，都是自家院子里的事。兄弟之间互争老大，用权谋和智慧扩大自己的势力。西周时期八百诸侯，都在周天子的笼罩之下。大家虽然时常发生纠纷，但其实同现代的国内边界纠纷一样，有时候大打出手，终究还得言归旧好。春秋五霸、战国七雄，打了几百年，都想争做天下共主，争得一个挟天子以令诸侯的地位。问题是：只有挟天子，才能令诸侯。他们使用的语言是一样的，他们使用的文字至今也没有本质的不同，更重要的是他们都承认，周天子才是自己共同供奉的牌位。所以各个诸侯国之间的折冲樽俎，在今天看来都不能是真正意义上的外交。中原与匈奴的来往，也不例外，因为匈奴的大部分后来也成了中华民族大家庭的一员。

中国古代的政府外交，严格意义上讲，应从张骞算起。读过《史记》《汉书》的人都知道，张骞当时出使的条件很是艰苦。他带的人马不少，有一百多人，可谓声势浩大。他出使的对象是大月氏，在今天土库曼斯坦南部和阿富汗北部，距离长安11600汉里，相当于今天的4800多千米。沙漠戈壁，高山大川，严寒酷暑，风沙雨雪。再加上一路上匈奴当道，野兽出没，那可真是条件异常艰苦。常常是吃不上饭，喝不上水，没有冬衣御寒，疾病随时来访。所以张骞一走，走了十三年，当然他大部时间被扣押在匈奴，路途上的时间大概两三年。张骞出发的时候，赶了一群牛羊，实在没有饭吃的时候，杀几只充饥。可耐不住这么多人每天都要吃饭，吃完了这群羊，剩下的就是"喝西北风"了。所以，等张骞回到长安，走时的一百多人只剩他自己和一个仆人了。其他人呢？都因病饿匪盗而倒毙在路上了。

当然，张骞筚路蓝缕，有开拓之功，是一个特例。那么中亚外交官来中原享受什么待遇呢？我们不说朝廷的情况，只说在入关后的食宿接送。

外交官的身份不同于一般人员，通常情况下，从敦煌玉门关或阳关入关后，要有身份凭证，当时叫过所。当事人的身份使命，有几个随行，带了些什么物品，贡物是什么，从哪里来到哪里去等等，都要查验清楚，然后便安排食宿。

悬泉置只有 20 多间土房，没有专门接待外宾的宾馆，所以不管多高贵的身份，只能和当时管理悬泉置的基层干部一样，大家一起住土房。但是吃饭比较特殊，除了黍粟主食外，还要有酒有肉。酒可能是米酒之类，当时还没有现在喝的这种蒸馏过的高度白酒，每人每顿少则半斗多则一斗，一斗是多少？大约相当于今天的 2 公升，也就是我们平时 4 瓶啤酒的量。肉是什么？主要是牛肉和羊肉（还有鸡，但记录上是单独计算的）。每顿的标准少则一斤，最多两斤半。一斤是多少？ 245 克，相当于我们今天市斤的半斤。最多两斤半也就 610 多克，相当于今天一斤二两多一点。也就是说，中亚西域来汉朝的外交使节，特殊的招待，每顿饭有两瓶到四瓶米酒，半斤到一斤肉。这都要有严格的账目，一定时间内还要上报核销，不能超标准胡吃滥喝。至于车辆，有牛车有马车一路接送，但更多的还是他们自己骑乘的马匹和骆驼。

就这样的接待，有时候也不一定全能保证。汉简中有很多缺肉缺酒的记载，来的使节太多，有时候供不上。

有一个例子足可说明：

地处今哈萨克斯坦和乌兹别克斯坦的康居，当时是西域大国。当年张骞出使时最先到达的就是大宛和康居。后来康居和汉朝经常通使问好，使节来往。但有一次，公元前 39 年，康居王和下属的小王都派了使臣到汉朝进贡，浩浩荡荡，几千里跋涉，最后到了敦煌酒泉。按照惯例入关后的使团，要受到河西沿途地方官员的接待，吃饭要有酒有肉，过往要派车接送，贡物的评估要公开透明公正。但这一次例外，他们于酷暑盛夏之时进入敦煌后没人理睬，吃饭要自己付费采买，评估上贡的骆驼时也不让他们参与，地方官员把白的说成黄的，把肥的说成瘦的，没有贯彻公开透明公正的原则，"不如实，冤"。于是他们就把地方官上告到了朝廷。结果朝廷很重视，发文追查验问，自然使一些地方官员受到了处分。

由此也可看出，汉代的外交官不管是东来还是西往，都要经过长途艰苦跋涉，沿途虽能受到友好接待，但待遇并不优渥。他们大都不辱使命，为中西文化的交流做出了卓越贡献。

漫步在阿拉木图

经过两年多的筹备，哈萨克斯坦东方研究所于2009年6月18日至19日在阿拉木图召开了"丝绸之路上的哈萨克斯坦国际学术研讨会"。主旨是讨论哈萨克斯坦在丝绸之路上的历史、文化、地位及影响。与会人员除哈国本土专家外，还有中国、日本、印度、伊朗和俄罗斯等国学者。

中国学者大多是第一次来阿市，不仅对会议内容感兴趣，还被哈萨克斯坦独特的风土人情和自然风光所吸引。哈萨克斯坦是中亚大国，幅员辽阔，资源丰富，270多万平方千米的土地是其他中亚四国的两倍，面积近乎中国的1/3，而人口相当于我国上海，仅有1600多万，密度不大，空间广阔。从乌鲁木齐到阿拉木图980千米的航程，飞行只需一个多小时。

我们于6月17日下午6:40从乌鲁木齐起飞，当地时间 6 点到达，时差两小时。当飞机盘旋在阿拉木图上空时，从舷窗往下看，在一片绿色的世界里没有想象中的高楼大厦，只有隐约可见的网状街道和红色的房顶掩映在树木之中。巍峨的西天山横卧在城市的南面，终年不化的积雪和一碧如洗的山坡，使这座城市有一种依偎在母亲身边那种孩子般的无忧无虑和恬静舒适。

住地安排在果戈里大街奥特拉尔饭店。从机场去市区的路上，宽阔的林荫大道清新而整洁，气候凉爽，花香扑鼻。帝俄时期和苏联时期留下的俄式建筑精雕细刻，玲珑剔透，摆放在道路两旁犹如海底的珊瑚把城市点缀得古老、典雅而富有文化气息。车辆来往，行人走过，宽松的城市、凉爽的气候，让人精神舒展，心胸宽畅，一路的疲惫顿时消失。

今天的哈萨克斯坦有 131 个民族，哈族占总人口的 67%，其他 1/3 的人是俄罗斯人、日耳曼人、乌克兰人、乌兹别克人以及维吾尔、鞑靼和朝鲜人等。哈萨克民族的人种属蒙古人种南西伯利亚的一个亚种。千百年来，这里是民族交融的沃土和文化交流的舞台。很多古老的民族虽如匆匆过客频繁地出现和消失，但他们的基因留在了这里。据人种学家测定，今天的哈萨克人血统中有 70% 的基因属于蒙古人种，有 30% 的基因属于雅利安人种。高鼻、深目、浓髯、卷发的小伙子和金发碧眼、高挑白皙的大姑娘三五成群从路边走过，让人欣赏到一种不同人种间的差异和俊美。

晚饭后，漫步在阿拉木图浓荫覆盖的大街上，望着远去的街道和别具风格的建筑，仿佛置身于历史的深处。当年张骞出使西域从匈奴那里逃出来后，第一站就到了大宛和康居，即今费尔干纳盆地和哈萨克斯坦地区。当时的大宛和康居都是西域大国，大宛有户6万，人口约30万，城邑70余座。而康居则有户12万，人口约60万，是大宛的两倍。张骞的到来，为这个相对隔绝的世界带来了耳目一新的东方信息，张骞本人也得到了应有的礼遇。国王派出向导和专车，送张骞到了他想要去的大夏和大月氏。以此为标志，汉王朝最早与这几个国家建立了外交关系，开通了绵延千年的汉唐丝绸之路，沟通了中西文化的交流。

历史是一条充满迷雾的河流，它的最初源头、每条支流和两岸的旖旎风光总给人以扑朔迷离的感觉。2000多年前呈现在这块土地上的情景，除《史记》《汉书》有大致记载外，在希腊的文献和波斯的碑铭中找不到任何踪影。历史学家们苦苦追寻，但很多问题还是一片茫然。近年在河西走廊出土的悬泉汉简中有若干关于大宛和康居的记载。摩挲着这些汉简，你仿佛能听到中亚使者在前往长安这漫长路途上的脚步和悠扬的驼铃，仿佛能看到来自这块土地上的各国使者、商人绕过湖泊、穿越沙漠、驻足绿洲、行进在广阔草原上的身影。至于它的文字记载，更是最珍贵的历史档案，是研究丝绸之路、中外关系的原始记录。

6月18日下午，在哈国经商的同胞盛情款待了我们，地点选在阿拉木图郊外一个幽雅清静的饭馆，从市中心坐车半小时的车程。饭馆不大，完全用木头垒建，自然淳朴；远离闹市，没有喧嚣和热闹，但不乏亲切温馨。尤其是席间那萦绕在耳边的优美柔婉的俄罗斯音乐，至今让人为之动情。在这里，我们品尝了有名的高加索烤肉和各种美味，喝了当地最好的伏特加，还深深体验了远在异国他乡见到同胞的那种热情、乡情和血脉之情。

饭馆的周围是一望无际的麦田，齐腰深的麦穗正值传粉灌浆的时节，置身其中，幽幽暗香轻纱般飘荡而来。哈国改制后，私有制已达到80%，大量土地都集中在个人手里。我们面前的这块土地也不例外，没有沟垄，没有界限，整块土地像一块厚厚的没有接缝的绒毯，无边无际地伸向天地尽头。夕阳的余晖映照着随风起伏的麦浪，黄昏的静谧中时有鸟雀从空中掠过。远处的天山已经由碧绿变成了一片黛墨，习习凉风轻柔地撩拨着客人的头发，俨然一幅美丽的图画。

在哈萨克斯坦东方研究所工作的一位朋友巴哈提·依加汉，原是新疆伊犁人，南开大学毕业的博士，后入籍哈国。他曾告诉我，哈国北部有的大农场，早上开着收割机从东往西作业，下午才能开到西边的地头，停下来吃饭睡觉，第二天再从西边起步收割到东边，日出而作，日落而息，一天只能单程收割一趟。去年，哈国是世界小麦出口第一大国，位居加拿大之前。面对脚下的这片土地，我浮想联翩。一百多年前的1864年，因《中俄勘分西北界约记》和此后的几个补充条约，巴尔喀什湖以东、以南的44万多平方千米的土地割让给了俄国。这不仅让我们失去了相当于甘肃省同样面积的国土，也给我们留下了百年耻辱。本来是一个家庭的成员，现在却成了邻居。

连续两个晚上，都有同胞或哈萨克朋友陪我们到国家电视塔去观赏夜景。因为电视塔建在天山脚下一处低矮的山顶上，从这里可以俯瞰阿拉木图的全景，所以政府将此辟为游览胜地。凭栏眺望夜幕下的阿拉木图，同我见过的别的城市的夜景没有什么两样，只是一片灯火的海洋。但在这片灯火的下面，与中国仅一山之隔的这座城市却让我感到天宫般的神秘。从历史到人种、从文化到信仰、从气候山川到物产资源——在几千年里，在丝绸之路上，他们对人类文明的贡献该做何样的评价呢！他们同中国那种千丝万缕的联系怎么样才能理得清楚呢！

哈萨克斯坦不仅幅员辽阔，而且资源丰富，探明的矿藏有90多种，仅石油储藏量就达100亿吨。2006年7月，中国和哈萨克斯坦第一条原油管道贯通，西起哈国阿塔苏，东到新疆独山子，在哈境全长960多千米。每年设计输油能力2000万吨。此外中国新疆还与哈国边界有多处通商口岸，两国的经济文化交流十分密切。古老的丝绸之路已被现代化的交通工具和地下的石油管道所代替，两国人民互利互惠，有着千丝万缕、永远割不断的联系。

原载《丝绸之路》2009 年第 17 期

西北汉简整理的历史回顾及其启示

　　1901 年，斯文·赫定和斯坦因分别对楼兰和尼雅汉晋文书的发现，揭开了近代西北简牍的发现历史。但汉简的发现主要始于 1907 年斯坦因在敦煌的发掘。此后一百多年当中，西北汉简的多次重大发现推动了中国学术界简牍整理研究的持续发展。

　　虽然简牍整理和研究密不可分，整理中有研究、研究中有整理，在工作过程中往往都是穿插交互进行的，但由于工作侧重点不同、工作对象不同，两者又可划分成完全不同的两个阶段。本文主要谈西北汉简整理的历史，以敦煌汉简、居延汉简、居延新简为个案，阐释不同历史阶段不同的简牍整理过程及其给我们的启示。

1949 年以前出土的敦煌汉简，主要是斯坦因 1907 年和 1914 年即所谓第二次中亚考察和第三次中亚考察在敦煌挖掘的汉简。两批汉简的整理过程有很多故事，也有很多可总结的东西。1907 年掘获的汉简，斯坦因交由法国学者沙畹进行整理，六年之后的 1913 年，沙畹在牛津大学出版了《斯坦因在中亚沙漠所获汉文文书》。书中收录出土文书 991 件，其中有敦煌汉简 705 件。当年底，寓居日本的罗振玉得到此书，便和王国维一起用了两个月时间写成了《流沙坠简》，这是迄今为止被简牍学界看作开山之作的经典。但是沙畹发表的 705 枚汉简中只有一半有图片，其余一半只有释文。没有图片部分，罗、王只能靠沙畹的释文进行考释。沙畹的书中为什么只有一半的文书有图片、而另一半没有图片？不得而知。后人猜想，可能是沙畹只把照片清晰、品相好的汉简收录书中，对一些不太清晰或品相不好的则摒之不用。今天看来，这显然是一个缺陷。斯坦因第三次考察所获敦煌汉简，先交沙畹整理，后因沙畹去世而转交其弟子马伯乐整理。马伯乐的整理工作旷日持久，所著《斯坦因第三次中亚考察所获汉文文书》直到 1953 年在他去世八年后才在他妻子的多方奔波下，在牛津出版，距发掘时间已过将近四十年。该书收录出土文书 607 件，其中有敦煌出土的汉简 166 枚（34 枚缺图片）。中间还有一个插曲，即当时留法学子张凤[①]在法国曾帮助马伯乐整理汉简。1925 年回国时马伯乐将汉简的照片作为礼品赠送张凤，二人约定马伯乐的成果发表后，张凤可以研究发表，约时三年。可是马伯乐的成果迟迟发表不了，国内学术界比如叶恭绰等人又极力怂恿，张凤便于 1931 年出版了《汉晋西陲木简汇编》，公布了斯坦因第三次考察所获汉简。此举虽满足了中国学界及时进行学术研究的渴望，却由此引起了一场风波，马伯乐将张凤告到了国际法庭上。虽然官司打赢了，但张凤的人格受到了人们的质疑。

1984 年，林梅村和李均明搜罗斯坦因两次发掘和夏鼐、阎文儒在敦煌发掘的汉简，出版了《疏勒河流域出土汉简》，纠正了不少错误并重新编号。林、李二位先生共收集 1949 年以前敦煌出土汉简 951 个号（中间缺号 28 个，实际收简 923 枚，另附罗布泊汉简 71 枚）。这项工作第一次将斯坦因两次在敦煌发掘的汉简与沙畹、马伯乐已经发表者汇编在一起，让人看到了全部释文。但《疏勒河流域出土汉简》没有图版，而且用简体字出版，也都是遗憾。

---

① 张凤（1887—1966），字天方，浙江嘉善人。清光绪三十年（1904）秀才，辛亥革命前加入光复会。1922 年公费留法，1924 年获法国巴黎大学文学博士学位，1925 年回国。先后任暨南大学教授、教务长等职。1945 年被聘为上海市博物馆筹备委员会委员。1949 年后历任浙江省考古学会常务委员、省文史馆馆员。

直到 1990 年，日本学者大庭脩在亲往大英图书馆考察的基础上，出版了《大英图书馆藏敦煌汉简》，第一次把斯坦因两次在敦煌发掘并已公布的汉简图版和释文对应汇编在一起，给研究工作带来了极大的方便。但《大英图书馆藏敦煌汉简》在国内并不流行，直到今天也没有通行的译本，看到的人不多①。

1991 年，甘肃省文物考古研究所编辑出版了《敦煌汉简》，收录简牍 2485 枚②，同时用繁、简字体两个版本出版，力图将敦煌出土的所有汉简收集进来，其中收录了 1949 年以前斯坦因两次发现的汉简和夏鼐、阎文儒在敦煌发现的汉简，总共 946 枚。1949 年以后的考古成果，主要收录了敦煌马圈湾、玉门花海、酥油土和其他地方零星出土的汉简，总共 1538 枚（其中马圈湾 1217 枚简，其他地方 321 枚简），同样是采取了用流水号重新编号的方法。此书在收录斯坦因两次在敦煌发掘的汉简时，只是参考了沙畹、马伯乐的著作，没有见到大庭脩在前一年出版的《大英图书馆藏敦煌汉简》，所以沙畹、马伯乐书中所缺的照片，该书也只能付诸阙如，从这个意义上说，该书

---

① 大庭脩《大英图书馆藏敦煌汉简》，京都同朋社，1990 年。书中收录斯坦因两次考察所获敦煌汉简和夏鼐、阎文儒在敦煌发掘的汉简共 951 号。其中缺 13 个号，实际收录 938 简。尚有 41 件没有照片。
② 简体字本收 2484 简。

仍然是个残缺本。

1989年下半年兰州大学郭锋到大英图书馆工作，又发现很多斯坦因考察所得但未曾刊布的资料，其中就包括很多汉简。2004年，伦敦大学汪涛、大英图书馆吴芳思邀请海内外学者集中伦敦，才把斯坦因未刊汉简近2300多枚整理出来，并于2007年由上海辞书出版社正式出版，书名《英国国家图书馆藏斯坦因所获未刊汉文简牍》。

综上可知，从1907年斯坦因发现第一批敦煌汉简到2007年《未刊汉文简牍》的出版，相隔整整一个世纪。虽然出版公布西北出土汉简总数只有3000多枚（包括2004年整理的未刊部分），但它影响很大，连同此前斯坦因和斯文·赫定在楼兰、尼雅发现的汉晋文书，奠定了中国简牍学的基础。

西北地区出土简牍在这长达一个世纪的整理过程中，有几个明显的特点：一是时间跨度大，从斯坦因和沙畹起，经过了数代人的努力。二是一开始就引起了海内外一流汉学家的高度关注，英、法、德、日以及我国的罗振玉、王国维都曾集中研究并取得了卓越成就，使中国简牍学成为海内外学人关注的国际显学。三是为中国历史文化的研究打开了一片新天地，此后大量简牍的发现，在某种意义上讲，只是踵事增华，汇入潮流。

但在这一百年来，中国和世界都发生了很多变化。中国从清朝末年经过辛亥革命进入中华民国，又经过中国共产党领导进入中华人民共和国时期；世界经过两次世界大战，经过冷战，又进入了今天这样一个全球化的时代。所有这些都给这批汉简的整理打上了时代烙印。本来是中国的文物却收藏在英国的国家图书馆，给中国学者的研究造成很大困难。就连沙畹和马伯乐的著作在中国也未曾翻译出版。时至今日，我们还没有一部完整的、收录齐全的、图版和释文都比较理想的整理成果，所看到的只是部分陆陆续续的零星整理研究。这些成果，虽为我们早期的研究提供了很大的便利，但也存在明显不足：一是客观原因所致，图版不够清晰。过去的摄影技术同今天不能相比，数码摄影还没有产生，尤其是红外线技术还没有出现，所有发表的图版如沙畹等人所编只收录了清晰者入书。大庭脩的书虽然收了较全的图版，但相当一部分不清楚、不理想。二是由于前者的原因，释文水平不高，有很多现在可借助红外线释读的文字，过去用肉眼是无法释读的，所以一百年过去了，文字的释读远没有达到理想的水平。三是排版不科学，也是过去技术的限制，释文不能紧随图版，而是把图版和释文人为割裂开来，图版与释文分而为二，先把释文排在一起，然后再附上一部分图版。严格说这也不算大问题，但对读者就造成了很大的不便，即看图版不能同时看释文、看释文不能同时看图版。看释文的时候要想看图版，必须按号检索，再找图版。几个来回下来，已觉精力不济。四是编号不统一，给阅读理解造成很大的混乱。斯坦因发掘时标有出土号，沙畹整理时又有自己的编号，马伯乐整理时也有一套自己的系统。张凤搞《汉晋西陲木简汇编》，又有张凤的编号，林梅村、李均明所编《疏勒河流域出土汉简》又重新编了流水号，《敦煌汉简》收录时，又把所有敦煌汉简再作一次统一编号。编来编去凌乱不堪，让读者无所适从。上次胡平生先生谈到简帛研究的标准化和国际化问题，指出编号就是一个亟需标准化的问题。一件出土文物或者一枚汉简，编号就是一个身份证，只能是唯一的，不能有多个。遗址出土物的编号应该包括出土时间、发掘地点、探方、层位以及该层位的序号。墓葬或古井出土物除了出土地编号外还应该有简牍的顺序号，不能谁整理谁编号、谁出书谁编号。林梅村、李均明先生的《疏勒河流域出土汉简》和1991年甘肃考古所的《敦煌汉简》就是一个明显的例子。把所有汉简重新编号，书后再附编号索引表。此举给读者平添了很多麻烦。五是繁、简字体的问题，不管是《疏勒河流域出土汉简》还是《敦煌汉简》《居延新简》所出简体本，都有很多使用的不便。繁简转换有很多不对应，这是大家都知道的，用简体字整理出版出土文献，会给今人和后人造成很多麻烦，这里不多说了。六是发掘报告问题。既然是出土文献，就涉及出土的时间、地点、探方、层位以及墓室中摆放的位置、形态和相关文物的所有情况，即考古发掘要求的各种要素。没有了发掘报告，资料就不完整，研究就会受到限制。可我们的发掘报告整理出版历来都十分滞后，有些甚至就不了了之，即没有发掘报告的出版。斯坦因三次中亚考察所写《古代和田》《塞林提亚》和《亚洲腹地》，严格说起来算不上规范的考古报告，但就是上述三书，我们也不是轻易能看到。三书的英文版分别出版于1907年、1921年和1928年，由巫新华等人翻译出版的《古代和田》《西域考古图记》和《亚洲腹地考古图记》的出版也都与原书相隔了90年到100年的时间。

居延汉简的整理虽不同于早期敦煌汉简的情况，但也有自己的特殊经历。先经历了抗日战争的炮火硝烟，后又经历了国共两党的海峡分治，汉简的整理留下了这一时代的烙印。1931年5月居延汉简运到北京后，先在北平图书馆由傅振伦和傅明德负责拆包、清点、登记、编号、制卡、存放，由马衡、刘半农等人负责释读，但实际工作只有马衡一人在缓慢工作。后来搬到北大崧公府，增加贺昌群、余逊、劳榦等人同马衡一起整理。但卢沟桥事变后，为了安全，又把汉简运到香港。1940年8月又因太平洋战争爆发把汉简运到美国，25年后的1965年又从美国运回台北。关于居延汉简的保护和整理实际上牵动了很多人和事，但是最终成果的形成给人的印象则是由劳榦先生一个人完成的。在当时特定的社会环境下，劳榦先生在四川的李庄完成了最初的释读，并于1943年出版了手写的石印本《居延汉简考释·释文之部》，又于次年出版了《居延汉简考释·考证之部》，1957年又在台湾出版了《居延汉简考释·图版之部》。与此同时，大陆则出版了《居延汉简甲编》，后又于1980年出版了《居延汉简甲乙编》。台湾则于1981年出版了马先醒先生等人编著的《居延汉简新编》。谢桂华、李均明、朱国炤又于1987年编辑出版了《居延汉简释文合校》。所有这些都给研究者提供了极大的方便，使居延汉简的研究取得了丰硕成果。但是仔细检讨起来，仍然存在着类似于敦煌汉简整理过程中存在的那些问题。令人欣喜的是，时代在发展、技术在进步，整理工作也在不断改善提高，最近台湾史语所又在利用红外线技术重新拍照重新释读居延汉简，2014年开始出版第一卷，每年一卷，到明年最后一卷即第五卷可全部出完。贝格曼的《额济纳河流域考古报告》经索马斯特勒姆整理，作为西北科学考查团第39本和第41本报告于1956年、1958年正式出版。最近我们又将其翻译成了汉文。如此，海峡两岸通力合作、珠联璧合，使居延汉简的整理臻于完善。不过，今年是西北科学考查团成立90周年，是居延汉简发现87周年。可见，居延汉简的整理达到今天这样的程度，同样是经过了数代学人的共同努力，经过了一个漫长的过程。

居延新简同长沙马王堆汉墓帛书、山东银雀山汉简都是二十世纪七十年代的重大发现，整理工作也受到各方面的高度重视。需要说明的是，居延新简一开始包括甲渠候官、第四燧和肩水金关所发现的全部汉简。当时计划以《居延新简》为总书名，以"甲渠候官、第四燧"和"肩水金关"为副标题，分为姊妹篇。但是《居延新简——甲渠候官和第四燧》出版后，《居延新简——肩水金关》则迟迟未能出版。时过17年，《肩水金关汉简》则于2011年分五辑陆续出版，整理出版形式完全不同，也就没有再采用上面的书名。但两者的整理过程是一致的，在此过程中，人们也习惯把两者统称为"居延新简"。

关于居延新简（包括金关汉简）的整理过程，笔者在《肩水金关汉简（壹）》的前言中有过详细记述，摘引如下：

发掘结束后的初步整理和释文初稿是由初世宾同志主持并以此前省博物馆成立的简牍整理研究室为依托而于一九七五年完成的。这次整理工作探索、总结出了一整套工作程序和记录规范，为后来甘肃汉简的整理遵为范式：第一步，拆包清点，清剔泥沙，对能够缀合的断简加以拼接；第二步，按出土时间、地点、探方、层位逐简进行编号；第三步，填写档案；第四步，拍照和释文校正。前两步是基础，后两步是重点。其中档案记录包含编号、质地、尺寸、形制、草图、完残程度、文字、书体、格式、时代纪年、内容、校释者与校释时间等十多项要素，涵盖了每支简牍所能显示的所有信息。比如草图一项，不仅要勾勒出每支简牍的基本轮廓和细部特征，还要将简上的文字、符号摹写其上。所以，完成档案记录，也就完成了最初的释文。至于释文校正，就是把档案上的释文誊录下来，再依照原简和照片反复辨识和校改。当时形成的这些程序和规范成为西北汉简整理的基本步骤和工作方法，至今具有借鉴意义。1980年代初，国家文物局成立古文献研究室，在唐长孺先生的领导下，调集全国著名专家和部分发掘工作者前来北京集中分组对长沙马王堆汉墓帛书及汉简、山东银雀山汉简以及居延新简进行再次整理。甘肃省博物馆初世宾、任步云、何双全，古文献研究室于豪亮、李均明，中国社会科学院历史研究所谢桂华、朱国炤参加了西北汉简的整理，主要是依据照片和上述释文初稿，对简文进行反复校改。[①]

我本人参加了《肩水金关汉简》的后期整理，也参加了悬泉汉简整理的全过程。制作档案需要用专门印制的表格，誊写所用的稿纸也是专门印制的八开专用纸。现在回想起来，真是恍若隔世。现在可用电脑轻松完成的事，当时得通过艰苦的劳作才能完成。光誊写释文一项，就需要专门请字写得好的同志，一遍遍、一年年地誊抄，光誊写的稿子就装满了几个柜子。显然，上面讲到的那些程序和规范，

① 《肩水金关汉简（壹）》，上海：中西书局，2011年。引用时有删节。

是手工时代的产物。现在我们从手工时代进入了数字化时代，上面说到的那些做法，在今天已经是轻而易举就能完成的事。

1990年文物出版社出版了《居延新简——甲渠候官与第四燧》的简体本，1994年中华书局又出版了图文并排的繁体本。由于技术条件的限制，上面在敦煌汉简和居延旧简整理出版中存在的问题，也都在居延新简的整理出版中同样存在。图版不清晰影响释文的准确，排版不科学影响阅读的效果。就连释文的排版也不能像今天这样自如，得请专门的书法家手工缮写。到后来我们整理出版《肩水金关汉简》时，这些问题就基本解决了。

《肩水金关汉简》分五辑十五分册从2011年开始出版，到2016年全部出齐。《肩水金关汉简》的整理出版，比起《居延新简——甲渠候官与第四燧》，应该说后来者的精细化程度更高，解决了以前整理出版中存在的很多问题。一是在此之前我们组织了一个强有力的整理班子。甘肃简牍博物馆、甘肃省文物考古研究所、甘肃省博物馆、中国文化遗产研究院、中国社科院简帛研究中心等五家单位再次抽调人力集中整理。参加者中有参加过最早发掘的专家，有最早参加过整理的人员，也有在这一领域有深厚造诣的学者，有老一辈学者，也有青年一代的后继者。二是利用了红外线技术和彩色拍照，这是过去所没有的。尤其是红外线技术，就是近几年的事。利用红外线技术基本解决了图版的清晰问题，图版可以将原简上的信息毫无遗漏地呈现出来。对研究者来讲，若对某些释文有怀疑，完全可以根据自己对图版的认读重新作出考释。三是排版的科学性，图片和释文密不可分，对读者来讲就是很大的方便。这些都是简牍整理史上划时代的革命。为了弥补《居延新简——甲渠候官与第四燧》在整理出版方面的不足，我们又完成了《居延新简集释》，包括了上面所说的红外图版和彩色照片，更正了过去释文中的错误，排版上图文并列、并以"集释"的形式作了适当注释。注释或可不准，仅供一般读者参考。有高清图片公布，研究者可完全根据自己的理解作出新的解释。不管是居延旧简还是居延新简及金关汉简（也包括《额济纳汉简》），整理工作做到今天这样的程度，应该是海峡两岸整理工作者贡献给学界的重要成果。顺便说一下，悬泉汉简更是西北汉简的大宗，目前我们正在上述经验的基础上不断完善，加快整理步伐。我们计划 2017 年 9 月可出第一卷。

西北汉简的发现至今已经一百多年了。一百多年来，一代一代前辈学者的艰苦努力，奠定了我们今天的整理基础，也使简牍学拥有今天这样的规模和气候。但是回顾这一百多年来的整理研究，也给我们很多启示：一是科学规范的发掘是后期整理的基础。这一步骤从开始到后来是逐步实现的。最早斯坦因的发掘是一种寻宝式的乱挖，以致到现在还有一些简不知出土在哪里而无所归宿。二是标准

2012 年 6 月 11 日，笔者同李均明、胡平生、刘绍刚、何双全诸位学者在刘公岛审读肩水金关汉简

化的编号。一件出土文物最好只有一个编号，而且如何编法要服从规范。现在是发掘有发掘的原始号、入藏有博物馆的入藏号，如果整理者按自己的系统再编一个号，麻烦就越来越多，导致每本书后都得有一个各种编号的对照表。编号的位置也值得研究。过去是按照一般文物编号的方法，把编号直接写在简背或简侧。实践证明，这种方法有很多弊端。有些简背原有笔道或文字，只是当时未能看清楚，再把今人的编号写在上面，无意中损坏了文物。应该把编号写在装简的盒子上或者玻璃管上，或者挂上标签也行，切忌把编号直接写在简牍文物本体上。三是全部信

息的完整采录。一枚简反映的信息可能有很多，只有文字和照片是不够的。上面提到的那些要素，不仅要全面采集，而且要同简文、图版同时公布。四是清晰的照片，包括红外线和高分辨率的彩色照片，不光让人看清文字，还应让人看到原色原样的原简，红外线不能代替彩色照片。五是准确的释文和适当的注释。当然准确是相对的，那就尽可能减少错误。有些文字当时看不清不认识，到后来却突然认识了，这也是常有的事。像《睡虎地秦墓竹简》那样，有一些适当注释便于阅读。注释不能多繁，但要精准。六是科学的排版印制，不光要图文对应，还有一个繁简字和异体字的问题。繁简字的问题前面已经说过了，对一些异体字及异写异构，我们现在都改成了通行汉字，之所以这样处理，主要是考虑到排字太麻烦。但我一直觉得这种做法不妥，对研究文字形体难免会误导。七是发掘报告的及时公布。有些报告拖了几十年，人事沧桑，已经没人关心了。《文物保护法》对此虽有明确规定，但具体实施和操作不理想。八是数字化工作的加强。这是时代的要求，这样更便于简牍的保护及资料的存储、流传与使用，数字化处理是时代的要求。上述林林总总说来容易做来难，哪一项缺环都会给后来的工作带来不便，甚至造成人力物力和其他社会资源的浪费。

原载《郑州大学学报》2017 年第 5 期

汉帝国政权在政治军事上对丝路交通体系的支撑

引言

汉帝国经过七十多年的经营发展，到景帝末年（前141），综合国力已经十分强大。当时的史书记载是："国家亡事，非遇水旱，则民人给家足，都鄙廪庾尽满，而府库余财。京师之钱累百巨万，贯朽而不可校。太仓之粟陈陈相因，充溢露积于外，腐败不可食。众庶街巷有马，仟伯之间成群，乘字牝者摈而不得会聚。"换句话说，就是国家政治稳定，生产发展，风调雨顺，没有大的自然灾害。人民生活富裕，社会经济繁荣。

雄才大略的汉武帝遇上了这样的施政条件，一改过去几十年那种贡献子女玉帛而卑事匈奴的消极战略，让汉帝国的船舰航行到了实现其远大政治理想的航道上。这就是消除北方匈奴的威胁，"广地万里，重九译，致殊俗，威德遍于四海"。

汉武帝刚一即位，就施行军事外交并重的方针：一方面派外交家张骞远赴西域，同曾经与匈奴有过仇怨的月氏、乌孙交好，希望结成对付匈奴的同盟；一方面多次派出大军，横扫漠北和河西，使匈奴势力受到重创，汉帝国西北边疆得到巩固和开拓。

历史的发展往往令人始料不及。本来是想让它进到这个房间的，结果却进到了另一个房间。张骞通西域原本的意图是联络大月氏共同对付匈奴，结果大月氏从河西一迁伊犁河流域，再迁阿姆河流域，最后臣服大夏，过上了安定舒服的日子，不愿意回过头来再跟匈奴纠缠。张骞第二次出使目的是因为霍去病收复河西后，"河西地空"，朝廷想联络此时已紧随大月氏之后西迁伊犁河谷的乌孙"东居故地"，目的还是为了对付匈奴。结果，月氏、乌孙都不愿东返，张骞直接的外交目的并未实现。

但是，张骞通西域，开通了绵延 2000 多年的丝绸之路，沟通了中西文化的千年交流，其影响之深之巨，其意义之重之大，远不是最初的目的所可比拟。

虽然，早在张骞"凿空"前一个相当长的历史时期里，丝绸之路上的中外贸易就已存在，但那是通过周边民族的转手贸易实现的，并不是中原王朝与西方国家的直接交流。只有张骞到达西域后，才第一次建立了中西交往的官方外交关系并且开拓了真正意义上的丝绸之路。

人类文明的每条溪流最终都要汇入波涛汹涌的大江大河。古埃及 3000 年辉煌的历史文化在公元前 550 年被突然崛起的波斯帝国接受，后者在征服被征服民族的同时，亦不可抗拒地承继了他们优秀的文化遗产；作为古代世界第一个地跨欧、亚、非的强大帝国，在它 220 年的统治中，把波斯本土的古老文化以及从征服地尤其是从埃及吸收的埃及文明的种子播散到了辽阔的帝国疆域。张骞后来访问过的中亚、西亚等地，作为波斯帝国统治下的若干行省，深受其埃及、波斯等古老文化的影响。紧接着，年轻的马其顿国王亚历山大席卷而来，从希腊半岛出发，远征埃及、横扫波斯、再袭中亚、进军印度，把欧、亚、非辽阔的土地囊括其中。他每到一处就建起一座以自己的名字命名的亚历山大城。在把大批希腊移民迁到征服地的同时，还把希腊的科学、文化、语言、艺术、建筑等等传播到所到之处。即使在亚历山大死后很快分裂的若干王国里，其中张骞后来所到过的巴克特利亚（大夏）、帕提亚（安息）等国，在很长时间里都以使用希腊语言、崇尚希腊艺术为自豪。其中大宛（费尔干纳盆地）西南出山口的列宁纳巴德（今属吉尔吉斯斯坦）就曾建立过亚历山大城，受希腊文化的影响十分浓重。除此以外，地处黑海北部、南俄草原的游牧民族斯基泰人（中国史书上将其中一部分称之为"塞人"）经常南下，北部草原的游牧文化对张骞到来之前的中亚地区也产生了广泛影响。他们中的一部分人还翻越天山，进入塔里木盆地，建立了自己的国家。总之，张骞第一次出使曾到过的大宛（今属乌兹别克斯坦费尔干纳盆地）、康居（今属锡尔河东北哈萨克斯坦以及乌兹别克斯坦部分地区）、大月氏（阿姆河流域土库曼部分地区和阿富汗北部）、大夏（今阿富汗）以及"传闻其旁国五六"，都是西方世界古老文明的交汇之地。埃及文明、两河流域文明、印度文明，以及波斯文明、希腊文明、北部草原文明都曾在这里汇合、交融、碰撞、发展。正因为如此，张骞的到来，使东西方文明之手握在了一起，世界文明的血脉得以贯通融合。四大古老文明之一的中华文明从此以其特有的姿态，如黄河、长江般源源不断地注入了世界文明的大海。

张骞在西域，得到西域各国的隆重接待，他们派出车队、配以专门的向导和翻译，一路接送。他们从张骞带来的信息中初步知道了"汉之广大"，一直渴望了解东方文化的心愿得以满足；张骞回返时，西域各国也派出使者，通使汉朝。司马迁《史记》中关于西域各国情况的记载，就是来自张骞的所见所闻。

张骞通西域，开通了中西经济文化交流，汉武帝"广地万里，重九译，致殊俗，威德遍于四海"的宏伟战略得以逐步实施。为确保丝绸之路的畅通，汉帝国从政治、军事等多方面采取了一系列重要措施。

一、移民实边，设四郡，据两关，把郡、县、乡、里的行政管理体制覆盖到新开地区

元狩二年（前121）霍去病三出河西，匈奴浑邪王、休屠王的10万人马归服汉朝。该封王的封王，该封侯的封侯，朝廷对普通老百姓也作了适当安排。但河西走廊将近33万平方千米的空地，只有10万人是不够的。所以朝廷陆续对河西地区采取了以前汉景帝时就曾根据晁错的意见在北部边疆实行过的移民实边、输粟塞下的政策。

第一次大规模移民70万口，是在霍去病出征河西的第二年（即前120），因为山东（太行山以东）发了大水，要解决受灾饥民的问题：

其明年，山东被水灾，民多饥乏，于是天子遣使虚郡国仓廪以振贫。犹不足，又募豪富人相假贷。尚不能相救，乃徙贫民于关以西，及充朔方以南新秦中，七十余万口，衣食皆仰给于县官。[1]

此次移民的目的地主要是内蒙古鄂尔多斯地区、宁夏南部和甘肃庆阳、平凉一带。河西作为新开地区，本来是

[1] 班固《汉书》卷二十四《食货志》，北京：中华书局，1962年，第1162页。

想召回乌孙东居故地的居民。既然未能如期召回，这次移民，就为河西走廊以后的多次移民提供了范式。

第二次移民在元狩四年（前119），史书上如此记载：

汉兴至于孝武，事征四夷，广威德，而张骞始开西域之迹。其后骠骑将军击破匈奴右地，降浑邪、休屠王，遂空其地，始筑令居以西，初置酒泉郡，后稍发徙民充实之。①

这一段记载很不清楚，移民多少，移至何地，都不得而知。但有两点很清楚，一是开始设置郡县，二是"稍发徙民"，意在不间断地进行，不是一次的记载。而且设郡和移民是相辅相成，同时进行的。

第三次移民是元狩五年（前118），从时间上看，连续三年，不间断的移民从未停过。

徙天下奸猾吏民于边。②

把全国各地的治安不良分子流放到边地，作为惩罚，让他们生活在艰苦环境中。河西地区尤其是敦煌一带历来

---

① 班固《汉书》卷九十六《西域传》，第3873页。
② 班固《汉书》卷六《武帝纪》，第179页。

是汉帝国流放罪犯和不良人员的重点地区。有学者研究，天汉二年（前99）李陵率步卒五千出居延时军中有"关东群盗妻子徙边者"，就可能是此次从内地流放至河西的人员[1]。另据《汉书·地理志》："自武威以西，本匈奴昆邪王、休屠王地，武帝时攘之，初置四郡，以通西域，鬲绝南羌、匈奴。其民或以关东下贫，或以报怨过当，或以悖逆亡道，家属徙焉。"[2] 这都说明，在迁来河西的人口中，罪徒及其家属占有重要部分。他们在人群中的比重甚至影响了河西地区数百年社会风尚。

第四次移民是在元鼎六年（前111）。张骞第二次出使乌孙招引其东返故地的目的未能实现，汉帝国又一次对河西进行了大规模移民：

> 遣浮沮将军公孙贺出九原，匈河将军赵破奴出令居，皆二千余里，不见虏而还。乃分武威、酒泉地置张掖、敦煌郡，徙民以实之。[3]

① 刘光华主编，汪受宽著《甘肃通史·秦汉卷》，兰州：甘肃人民出版社，2009年，第231页。
② 班固《汉书》卷二十八《地理志》，第1644页。
③ 班固《汉书》卷六《武帝纪》，第189页。

据有人推测，此次移民的规模当在 10 万以上[1]，基本上奠定了河西地区赖以发展的人力资源基础。

经过一百多年的发展，到西汉末年，按官方的人口统计，河西四郡有户 71270 户，有口 280211 人，这些编户数据中，当不包括驻守边防的军人。这些长期生活在边地的百姓为社会提供的繁荣发展是丝路畅通的基础。

关于河西四郡的设置时间，由于《史记》和《汉书》对各郡设置年代记载不一，引发后世学者的长久讨论。大致说来，最先设置了酒泉、张掖二郡，其后随着社会的发展和需要，又分割张掖郡东部和金城郡西部而增设了武威郡，最后分酒泉郡西部设了敦煌郡[2]。但这只是行政区划

---

[1] 刘光华、汪受宽《甘肃通史·秦汉卷》，第 232 页。

[2] 河西四郡设置年代，从胡三省所注《通鉴》到清人以来，多有学者讨论。主要是：清人齐召南《汉书考证》、全祖望《汉书地理志稽疑》、钱大昕《廿二史考异》、汪之昌《青学斋集》、朱一新《汉书管见》。近人劳榦《居延汉简考证》、黄文弼《西北史地论丛》、吕思勉与翦伯赞各著之《秦汉史》、范文澜《中国通史简编》、岑仲勉《汉书西域传地理校释》、张维华《汉史论集》、施之勉《汉书辨疑》、陈梦家《汉简缀述》、张春树《河西四郡建置年代考》、齐陈骏《敦煌沿革与人口》、周振鹤《西汉河西四郡设置年代考》、王宗维《汉代河西四郡始设年代问题》、李并成《河西走廊历史地理》等等。近期出版的刘光华主编的《甘肃通史》认为，酒泉、张掖二郡始设于元鼎六年（前 111），武威郡始设于宣帝元凤元年至地节三年间（前 80—前 67），敦煌郡始设于后元元年（前 88）。

的变化，并不影响自酒泉、张掖二郡设置以来对河西地区的有效管理。

县以下设乡，乡以下设里。每县有乡3—5个。大都以东乡、西乡、南乡、北乡、都乡来命名，也有个别以其他名字命名的。如敦煌县就有都乡、有北乡。而效谷县有安乐乡、有鱼离乡等等。每乡有有秩、啬夫、乡佐来管理行政事务，有游徼专司治安防盗，三老、孝弟、力田等表率社会、导民风化。

乡以下有里，里有里正或里魁，直接管理老百姓日常生活和社会治安。每县有里40—50个，每里管理50户左右[①]。

① 现以敦煌郡下属之敦煌、效谷二县为例，列出汉简中记载的准确里名，以见当时各县最基层组织的一般情况。敦煌县有里41个：安处里、安国里、安世里、长乐里、常安里、常乐里、乘威里、斥胡里、大富里、大阳里、东光里、东武里、对宛里、富贵里、高昌里、广都里、广汉里、强利里、进熹里、敬上里、利成里、平安里、平定里、如昌里、擅利里、擅朔里、始昌里、寿陵里、寿王里、万乘里、武安里、武修里、武阳里、孝里、新成里、新定里、兴盛里、宜武里、益阳里、乐成里、乐世里。效谷县有里42个：步广里、步进里、长乐里、常利里、大穰里、得利里、得玉里、定汉里、富昌里、高里、高心里、高议里、故里、光里、广大里、广汉里、广利里、进熹里、敬君里、临乐里、齐中里、千乘里、始昌里、寿里、寿贵里、寿亲里、唐山里、万岁里、延寿里、阳玉里、宜禾里、宜年里、宜农里、宜王里、益里、益富里、益光里、玉光里、乐成里、乐世里、执适里、尊贤里。

总之，汉帝国在新开的河西走廊建立了一套完整、严密、高效、畅通的行政管理体制，为丝路交通体系提供了强有力的支撑。

　　除了在河西走廊"设四郡，据两关"外，对两关以西、帕米尔以东的天山南北地区，则采取了另外一种不同的政策。主要是在轮台、渠黎置使者校尉率戍卒数百人屯田积谷，以保证来往使者的安全和粮食供应。到后来条件成熟时，设置西域都护代表中央总领西域。西域当时36国（后分为55国），他们对汉帝国的向背违依主要以汉朝与匈奴势力的消长为转移。随着汉帝国对匈奴的节节胜利，西域各国陆续归服了汉朝。而汉朝对西域的政策，主要是靠西域都护团结、吸引和帮助各小国人民管理自己的事务。政治管理、军事体制，甚至国王和各级官吏一仍其旧，只要得到朝廷的承认，封拜授受即可。对一些有影响的大国比如乌孙，汉朝采取和亲政策，远嫁公主以结甥舅之好，使其由邻国变为盟国，再由盟国变为属国。对一些继续勾结匈奴，掠杀汉使，与帝国为敌者，辅之以军事打击手段，"明犯强汉者，虽远必诛"。比如远征大宛，比如在康居的地界上消灭北匈奴郅支单于。通过这些政策的推行，到西汉末年，"最凡国五十。自译长、城长、君、监、吏、大禄、百长、千长、都尉、且渠、当户、将、相至侯、王，皆佩汉印绶，凡三百七十六人。而康居、大月氏、安息、罽宾、乌弋之属，皆以绝远不在数中"。他们腰挂汉印，行使的权力自然是朝廷的意志。这不仅说明天山南北的辽阔地区早在2000多年前就已与中原王朝结为一体，而且为当时丝绸之路的畅通提供了重要保证。

二、采取积极的鼓励政策，支持帝国的臣民出使、冒险，也欢迎西域各国人士前来通好

大漠戈壁，路途遥远。没有惊人的勇气和毅力，没有超凡的冒险精神和英雄气概，不可能踏上如此艰险的旅途。所以汉帝国一方面鼓励所属臣民不问其出身来源，只要奉使前往，一概发给许可和节信，任其前往西域各国同异国民族打交道。回来后一律给予赏赐表彰。史书中记载有：

自骞开外国道以尊贵，其吏士争上书言外国奇怪利害，求使。天子为其绝远，非人所乐，听其言，予节，募吏民无问所从来，为具备人众遣之，以广其道……其吏卒亦辄复盛推外国所有，言大者予节，言小者为副……其使皆私县官赍物，欲贱市以私其利。[①]

因益发使抵安息、奄蔡、黎轩、条枝、身毒国。而天子好宛马，使者相望于道。诸使外国一辈大者数百，少者百余人，人所赍操大放博望侯时。其后益习而衰少焉。汉

▌ ① 班固《汉书》卷六十一《张骞传》，第2695页。

率一岁中使多者十余，少者五六辈，远者八九岁，近者数岁而反。①

另一方面，凡来中土的西域各国使者都会受到帝国政府的保护和接待，沿途驿站和传舍都要为之提供食宿车辆。国王、公主、质子和使者等高级客人还要对其迎来送往并提供高等级的接待。河西汉简中有大量沿途驿站接待西域客人的记载，举几例：

例一：甘露二年正月庚戌，敦煌大守千秋、库令贺兼行丞事，敢告酒泉大守府卒人：安远侯遣比胥鞬罢军候丞赵千秋上书，送康居王使者二人、贵人十人、从者六十四人。献马二匹、橐他十匹。私马九匹、驴卅一匹、橐他廿五匹、牛一。戊申入玉门关，已阅〔名〕籍、畜财、财物。（Ⅱ 90DXT0213 ③:6+T0214 ③:83）

这是一封敦煌太守发给酒泉太守的平行文书。如此庞大的中亚使团，从使者、贵人到从者，一共七十六人，随行大牲畜七十八头。这在当时中西交通的大道上绝对是一支浩浩荡荡的队伍。再说涉及朝廷与康居（今哈萨克斯坦

① 司马迁《史记》卷一百二十三《大宛列传》，北京：中华书局，1959年，第3170页。

和乌兹别克斯坦部分地区）东、西两大国家的外交关系，沿途地方官员如不认真对待，就要受到追究。自己的工作做好了，还要知会下一站，提前通知相关事项，让其做好准备。此其一。其二，这一中亚使团来中原朝贡，不仅河西沿途地方官员要出面接待，而且西域的最高长官西域都护还要派专人把他们陪送到京师。简文中的军候丞赵千秋，就是奉都护之命陪同康居客人的。军候相当于比六百石官员，同驻扎在河西边防的候官同秩。丞是军候的属吏。按西汉的兵役制度，戍边的戍卒一年一更，官员三年一更。赵千秋属于军官戍边，可能早在五凤三年（前55）就来到了任所。此次更尽回返，顺便受都护指派，陪同康居使团到京师长安。

例二：甘露二年三月丙午，使主客郎中臣超承制诏侍御史曰：顷都内令霸、副候忠使送大月氏诸国客，与候张寿、侯尊俱为驾二封辂传，二人共载。

御属臣弘行御史大夫事，下扶风厩，承书以次为驾，当舍传舍，如律令。（Ⅴ 92DXT1411 ②：35）

大月氏在公元前 170 年左右受匈奴、乌孙的压迫从伊犁河谷西迁阿姆河流域，后于公元前 125 年左右征服大夏（巴克特利亚），后来由五翕侯之一的贵霜翕侯统一各部，在今阿富汗和北印度一带建立了贵霜帝国，对佛教的传播起过重大的历史作用。而简文中所说的大月氏诸国使者来汉，时当公元前52年，其时正值大月氏兴旺发展之际。

例三：出米四升，酒半斗，肉二斤。以食乌孙贵姑代，一食，西。（Ⅱ90DXT0314②：355）

疏勒肉少四百廿七斤直千七十……酒少十三石直……（正面）

且末酒少一石直百……（背面）（Ⅴ92DXT1813③：24）

例三中的两枚简，前者是接待乌孙贵人的记载，后者是接待疏勒、且末使者的记载。前简记接待乌孙贵人姑代，一顿饭吃了四升米、半斗酒、二斤肉，这也是接待西域贵客的标准。而后者记载接待疏勒、且末二国客人尚需购买酒、肉若干。在汉帝国的西北边疆，物质供应并不充裕。在一般客人只能满足米粟供应的情况下，帝国政府却要求河西各郡对前来中土的西域贵人提供一定数量的酒、肉，确是一种不菲的礼遇。

三、沿途的站点体系为丝绸之路的畅通提供了食宿交通的支持

近百年来，甘肃先后出土了六万多枚汉代简牍。总体

上看，甘肃六万多汉简都与丝绸之路的历史文化有直接关系。比如对丝绸之路的走向路线、停靠站点以及远近里程，史书的记载都比较笼统，而汉简则有生动具体的描述。如丝绸之路东段，即陕西、甘肃段。

根据汉简的记载，多长安出发，到敦煌阳关、玉门关的路线是：

第一段，京畿段："长安至茂陵七十里，茂陵至茯置卅五里，茯置至好止（畤）七十五里，好止（畤）至义置七十五里。"这五个站点中，长安、茂陵、好畤是著名的历史地名，至今有遗址留存（好畤在今陕西乾县东郊的好畤村）。茯置在茂陵与好畤之间，义置在今永寿县以北。这一段路程全长 255 汉里，合今约 106 千米①。从长安出发，经今兴平县境之茂陵、过乾县、永寿、彬县进入泾水流域，而后经长武进入今甘肃东部的平凉和宁夏南部的固原。

第二段，安定段："月氏至乌氏五十里，乌氏至泾阳五十里，泾阳至平林置六十里，平林置至高平八十里。"这一段从月氏到乌氏、泾阳、平林、高平，240 汉里，近100 千米。高平是汉代安定郡首县，遗址在今固原市原州区。泾阳古城在今平凉市西北安国乡油坊庄村北，大体位

① 1 汉里 =415.8 米。

置在东经 106° 30′ 41.17″，北纬 35° 39′ 15.66″。里程简所记从泾阳到高平 140 汉里，合 58 千米左右。中间有一个平林置，当是泾阳和高平之间的一个驿置，位置在中间偏南。泾阳县以南的两地乌氏和月氏，分别相隔 20 千米，因此按里程简的记载，乌氏的位置当在今崆峒区，月氏的位置当在今崆峒区以东的四十里铺。总之，这一段路线是从平凉东部往西北到固原。

第三段，武威段："媪围至居延置九十里，居延置至觻里九十里，觻里至揟次九十里，揟次至小张掖六十里，小张掖去去姑臧六十七里，姑臧去显美七十五里。"媪围、居延置、觻里、揟次、小张掖、姑臧、显美七个站点 472 里，196 千米。这是横贯武威郡的路线。汉代的媪围，即今景泰县芦阳镇响水村北的弯沟城遗址，东经 104° 13′ 7.50″，北纬 37° 7′ 37.51″，尚有 1—2 米的城墙遗址留存。觻里的大体位置在今古浪县大靖镇，揟次在今古浪土门镇西 3 千米左右[1]，小张掖在今凉州区以南 20 多千米的武家寨子一带[2]。小张掖即汉之张掖县，前面冠以"小"者，以示区别于同名的"张掖郡"。由于汉代武威郡

① 李并成《河西走廊历史地理》，兰州：甘肃人民出版社，1995 年，第 39 页。
② 郝树声《敦煌悬泉里程简地理考述》，《敦煌研究》2000 年第 3 期，第 105 页。

是在张掖郡设置若干年后从后者分离出来的，所以早先已经设立的张掖县在武威郡分设时由于地理位置的原因就划归了武威郡，这就造成了张掖县不在张掖郡而在武威郡的状况。姑臧即今天的凉州区，显美在今天凉州区以西的永丰一带。

第四段，张掖段："删丹至日勒八十七里，日勒至钧耆置五十里，钧耆置至屋兰五十里，屋兰至氏池五十里，氏池去鱳得五十四里，鱳得去昭武六十二里府下，昭武去祁连置六十一里，祁连置去表是七十里。"这一段有九个站点，484 汉里，200 千米。是横贯张掖境内的东西大道。其中删丹、日勒、屋兰、氏池、鱳得、昭武、表是七地是当时的县城所在地，而钧耆置、祁连置是两个驿置。

第五段，酒泉段："玉门去沙头九十九里，沙头去干齐八十五里，干齐去渊泉五十八里。右酒泉郡县置十一，六百九十四里。" 这一段只有西半段四个地名：玉门、沙头、干齐、渊泉（属敦煌郡）。而东面的七个站点尚不得而知，不过简文后面一句总括的记载"右酒泉郡县置十一，六百九十四里"，可知横跨酒泉停靠站点的数目和过境里程。总共 11 个站点，694 汉里，288 千米，每个站点相距 28.8 千米。

第六段，敦煌段：汉简记载，敦煌郡有"厩置九所，传马员三百六十匹"。这九处厩置其实就是类似悬泉置这样的邮驿接待机构，其中反映的就是从东到西敦煌郡交通路线。这九处厩置从西到东依次是渊泉置、冥安置、广至置、鱼离置、悬泉置、遮要置、龙勒置、玉门置以及一处尚不知名的置，从渊泉[1]往西，到敦煌郡最西部的广武燧，直线距离 300 千米。

今天的新疆天山南北，为丝绸之路中段。汉代称西域。西域一词在不同时代有不同的指向和范围。汉代的西域有广狭二义，广义的西域指两关以西的广大地区，包括新疆以及帕米尔以西和以南。狭义的西域只指天山以南城郭诸国，而本文的西域指狭义西域但包括天山以北。

《汉书·西域传》记载：

西域以孝武时始通，本三十六国，其后稍分至五十余，皆在匈奴之西，乌孙之南。南北有大山，中央有河，东西六千余里，南北千余里。东则接汉，阸以玉门、阳关，西则限以葱岭。其南山，东出金城，与汉南山属焉。其河有两原：一出葱岭山，一出于阗。于阗在南山下，其河北流，与葱岭河合，东注蒲昌海。蒲昌海，一名盐泽者也，去玉门、阳关三百余里，广袤三百里。其水亭居，冬夏不

---

[1] 渊泉即今瓜州县旱湖脑古城，东经 96°31′55.20″，北纬 40°27′23.80″，见宁瑞栋《汉敦煌郡渊泉县城新考》，《丝绸之路》2011 年第 18 期，第 103—105 页；李正宇《敦煌郡各县建立的特殊过程》，《西北成人教育学报》2011 年第 6 期，第 23 页。

增减，皆以为潜行地下，南出于积石，为中国河云。自玉门、阳关出西域有两道：从鄯善傍南山北，波河西行至莎车，为南道；南道西逾葱岭则出大月氏、安息。自车师前王廷随北山，波河西行至疏勒，为北道；北道西逾葱岭则出大宛、康居、奄蔡焉。

在今天的新疆，丝绸之路有三条通道：一条是上引《汉书》中所说的南道，横贯昆仑山北麓和塔里木盆地南缘；一条是上文所说的北道，横贯塔里木盆地北缘和天山南麓；还有一条，天山以北横贯广大草原地区。后人为了叙述的方便，干脆称为南、中、北三道。中道就是《汉书》中所说的北道。西域"本三十六国，其后稍分至五十余"。司马彪《续汉书》云："至于哀、平，有五十五国也。"这五十五国中，有七国"不属都护"。其他四十八国的分布情况是：南道十七国，中道十五国，北道十六国。

南道十七国从东往西是：婼羌、鄯善、且末、小宛、精绝、戎卢、扜弥、渠勒、于阗、皮山、莎车、蒲犁、依耐、乌秅、西夜、无雷、桃槐。这十七国中，汉简中记载其当时在丝绸之路上的具体情况的有楼兰（鄯善）、且末、小宛、精绝、扜弥、渠勒、于阗、皮山、莎车、蒲犁等十国。而十国中，有些处昆仑山山谷，不当道。沿途最重要者是鄯善、且末、精绝、扜弥、于阗、皮山、莎车。

从我们今天的道路里程看，从敦煌沿塔里木盆地南缘到红其拉甫山口的里程是 2867 千米。这条道路在当时是胡商贩客使者往来的一条主要通道。沿途各国的情况如何，同中原王朝的关系如何？除传统史籍外，甘肃汉简材料给了我们更直接的证据。

中道十五国从东到西分别是：山国、危须、焉耆、尉犁、渠犁、乌垒、轮台、龟兹、姑墨、温宿、尉头、疏勒、捐毒、休循、大宛。十五国中，大宛和休循今已不在今天的中国境内，捐毒处在阿赖山谷，而轮台是西域都护的驻地，所以《汉书》所谓的"北道"诸国即我们所说的中道，根据汉简材料的记载，在当时丝绸之路上都曾起过重要作用。

从敦煌沿塔里木盆地北缘到喀什再到斯木哈纳口岸，要 2664 千米的路程。在这段路上，根据汉简材料的记载，当时的上述各国，在汉帝国的支持下，都为丝路畅通作出了贡献。

北道十六国，乌孙最为大国，有户 12 万，有口 63 万，游牧于伊犁河谷和天山北部草原，其他十五国都是后来分割的一些小国，从东到西是：车师前国、车师都尉国、车师后国、车师后城长国、蒲类、蒲类后国、胡狐、郁立师、卑陆、卑陆后国、劫国、东且弥、西且弥、单桓、乌贪訾离。这些小国一千人以上的有八个，一百多人到几百人的六个。其范围只在今哈密、吐鲁番和昌吉自治州境内。在这条路线上，汉帝国一方面派出使者，和亲乌孙，赤谷屯田，扶持昆弥，团结乌孙打击匈奴，为丝路畅通提供保障；另一方面，在吐鲁番一带设戊己校尉领兵屯田，常年驻守。

四、绵延千里的汉塞烽燧等军事设施，为丝路交通的畅通提供了安全屏障

汉武帝在扫清匈奴势力之后，陆续从令居（治今甘肃永登西南之连城）河口一直往西到敦煌以西的罗布泊（楼兰地区）修建了1000多千米的城郭烽燧，建起了完整的军事防御体系。

第一段　令居至酒泉。大致修建于元鼎二年至元鼎六年（前115—前111）[1]。《史记》《汉书》都有记载：

其后骠骑将军击破匈奴右地，降浑邪、休屠王，遂空其地，始筑令居以西，初直酒泉郡，后稍发徙民充实之，分直武威、张掖、敦煌，列四郡，据两关焉。[2]

第二段　从酒泉到玉门。修筑时间在元封四年

---

① 刘光华《西汉西北边塞》，《简牍学研究》第4辑，兰州：甘肃人民出版社，2004年。
② 班固《汉书》卷九十六《西域传》，第3873页。

（前 107）。

楼兰、姑师小国，当空道，攻劫汉使王恢等尤甚。而匈奴奇兵又时时遮击之。使者争言外国利害，皆有城邑，兵弱易击。于是天子遣从票侯破奴将属国骑及郡兵数万以击胡，胡皆去。明年，击破姑师，虏楼兰王。酒泉列亭鄣至玉门矣。[①]

第三段　居延塞的修建。沿张掖黑河进入额济纳地区。在太初三年（前 102）：

遣光禄勋徐自为筑五原塞外列城，西北至卢朐，游击将军韩说将兵屯之。强弩都尉路博德筑居延。[②]

第四段　敦煌至盐泽。李广利伐大宛，历时四年，从太初元年到太初四年（前 104—前 101），而此段长城的修建当在太初四年之后。

自贰师将军伐大宛之后，西域震惧，多遣使来贡献，汉使西域者益得职。于是自敦煌西至盐泽，往往起亭，而

① 班固《汉书》卷六十一《张骞传》，第 2695 页。
② 班固《汉书》卷六《武帝纪》，第 201 页。

轮台、渠犁皆有田卒数百人，置使者校尉领护，以给使外国者。[①]

　　直到今天，汉长城长龙般蜿蜒起伏于河西走廊北部，时断时续，时堑时城。加上沿汉塞分布的烽燧和亭鄣城堡，严密的防御系统依然展现出二千年前汉时风貌。

　　下面主要以汉简材料举敦煌郡汉塞为例加以说明：

　　汉代的敦煌郡包括今天的敦煌市、瓜州县和玉门市所辖地区。在这条300多千米的防线上，依次从西到东分布着玉门都尉、中部都尉和宜禾都尉等三个都尉的驻防军队。连绵的塞墙、城鄣烽燧以及驻防的军队，构成了敦煌北部伴随于两汉始终的军事防线，保证了河西社会的安宁和丝绸之路的畅通。此外，在敦煌的西南部，有阳关都尉驻防。

　　玉门都尉下辖大煎都和玉门两个候官，中部都尉下辖平望、破胡、吞胡、万岁四个候官（其中的破胡候官，后期改为步广候官）。宜禾都尉下辖广汉、美稷、昆仑、鱼泽、宜禾等五个候官，阳关都尉下辖雕秩等候官。

玉门都尉

　　玉门都尉的驻地在今小方盘城，是汉王朝最西部的部

---

① 班固《汉书》卷九十六《西域传》，第3873页。

都尉。其军事防线从最西的广昌燧（东经 93° 8′ 22.30″，北纬 40° 7′ 38.80″）到东面大方盘城南面的仓亭燧（东经 93° 58′ 11.60″，北纬 40° 24′ 19.60″），直线距离 77 千米。其中大煎都候官驻防防线 43 千米，从广昌燧到显明燧。玉门候官驻防 34 千米，从显明燧到仓亭燧。

大煎都候官[①]驻凌胡燧。其驻防地区和军事要塞大致是一个西东走向的"丫"字型。显明燧及其以东属于玉门候官的驻防地区。从显明燧往西到马迷兔，相距 13 千米，从马迷兔往西北到今天的清水沟南墩，直线距离 20 千米；由马迷兔往西南到广昌燧 30 千米。此地属疏勒河（汉称籍端水和冥水）和党河（汉称氐置水）下游尾闾地带，当年应是一块湿地。沿湿地南北，湿地与沙漠接连的边缘，汉朝驻军因地制宜，修筑了驻防体系，现存烽燧 15 座。根据汉简记载，大煎都候官所辖烽燧有：广昌燧、厌胡燧、凌胡燧、步昌燧、广武燧、富昌燧、延年燧、大煎都、益昌燧、获虏燧、斥地燧、美水燧、服胡燧、破胡燧、莫当燧。汉代的名称和今天的遗址还不能一一确指，但出土汉简的记载和田野调查的情况与之基本吻合。此地最西端的广昌燧西距楼兰的直线距离 277 千米，是通往西域的必经之路，战略地位极其重要。

玉门候官驻马圈湾候官燧，其管辖范围从显明燧到

① 汉简中亦作"大前都""大泉都"等。

仓亭燧。今天的小方盘城即通常被认为的玉门关位置，实际上也是汉代的玉门都尉驻地。根据 1979 年马圈湾出土汉简"玉门部，士吏五人，候长七人，候史八人，隧长二十九人，候令史三人"，说明这一段防线至少有 29 座烽燧。从汉简材料看，有记载的燧名 24 个。即：显明燧、临泽燧、广明燧、诛虏燧、威严燧、千秋燧、临要燧、候官燧、广汉燧、却适燧、当谷燧、止寇燧、远望燧、玉门燧、虎猛燧、宜秋燧、勇敢燧、察适燧、富贵燧、受降燧、仓亭燧、止奸燧、推贤燧、步偷燧等[1]。

中部都尉

中部都尉下辖平望、破胡、吞胡、万岁四个候官。这是 1981 年敦煌酥油土北墩出土的汉简给出的明确记载：

四月戊午敦煌中部都尉过伦谓平望破胡吞胡万岁候官写重案候官亭隧（1366）

七月丁未敦煌中部士吏福以私印行都尉事谓平望破胡吞胡万岁候官写移檄到（1367）

但是，《汉书·地理志》有"中部都尉治步广候官"的记载。说明早期的中部都尉下辖平望、破胡、吞胡、万岁四

---

① 吴礽骧《河西汉塞调查与研究》，北京：文物出版社，2005 年，第 55 页。

候官，而后期改为平望、步广、吞胡、万岁。"步广"由"破胡"改名而来。所谓"中部都尉治步广候官"，其地大致在今碱墩子和土门墩附近，但具体遗址已无从查考。

平望候官是中部都尉最西的候官，驻地当在酥油土北墩。其管辖范围当西至朱爵燧，东至今天的二里半戈壁墩。但管辖范围应该延伸到破胡候官的最西燧，即冰草湖西墩。东经 94°0′ 40.70″ 至东经 94° 13′ 49.10″，直线距离 20 千米。"现存候望燧 7 座，邮亭燧 2 座。"[1]

破胡候官驻防平望候官以东一段。西从冰草湖西墩开始，东到小月牙湖东墩（破虏燧），东经 94°13′ 49.10″ 至东经 94°25′ 56.80″，亦有 20 多千米的防线。现存候望燧 14 座，邮亭燧 2 座[2]。但根据第三次文物普查的结果，现存烽燧有 15 座。另外，上已言及，中部都尉下属之破胡候官后期已改为步广候官，所以《汉书·地理志》记载西汉末年的情况，有"中部都尉治步广候官"，汉简中也有步广候官的记载。

吞胡候官驻破胡候官以东，管辖范围大致从西面的四墩窑一号烽燧东到今天的半个墩子，如果从破胡候官的破虏燧算起到东面万岁候官的西碱墩，东经 94°25′ 56.80″ 至东经 94°44′ 13.30″，直线距离有 26 千米。此段防线现

① 吴礽骧《河西汉塞调查与研究》，第 73 页。
② 吴礽骧《河西汉塞调查与研究》，第 73 页。

存候望燧 13 座，邮亭燧 8 座。但第三次文物普查的结果显示，现存 13 座。

万岁候官是中部都尉最东的候官。西到西碱墩，东到显武燧。如果从西面吞胡候官所辖的雷墩子算起，东经 94° 35′ 11.00″ 至东经 95°，东西防线 35 千米。

宜禾都尉

宜禾都尉下辖五个候官，即宜禾、鱼泽、昆仑、美稷、广汉。《汉书·地理志》敦煌郡广至县条下有"宜禾都尉治昆仑障"。研究认为，此处所指昆仑障当为今天瓜州境内六工破城东北角的小城，其具体位置在东经 95° 36′ 5.05″，北纬 40° 23′ 49.47″ [1]。宜禾、鱼泽两候官辖效谷县北段塞防；昆仑、美稷两候官辖广至县北段塞防；广汉候官辖渊泉县北段塞防。宜禾都尉的防线相当于今天的敦煌、瓜州分界处到玉门东部疏勒河拐弯处。

阳关都尉

阳关都尉驻敦煌西南部，管辖敦煌郡西南部防线，主要是防止当时的羌人。据现有资料，阳关都尉所辖，可能有雕秩候官和博望候官。此外，根据田野调查，敦煌县南境还有偃泉候官，效谷县南境有柳谷候官，冥安县南境有益广、广校、屋兰三候官，亦主要防范南部的羌人 [2]。

---

① 李正宇《昆仑障考》，《敦煌研究》1997 年第 2 期，第 33 页。
② 吴礽骧《河西汉塞调查与研究》，第 49 页。

敦煌郡如此，其他酒泉、张掖、武威各郡亦如此。20世纪以来，在居延地区出土的大量居延汉简就是当年肩水都尉和居延都尉的屯戍文书，从中可以勾勒出两都尉更加详密的防御系统。

各郡的部都尉由郡太守节制，但都尉本身开府治事，有自己的军事衙署，是一个相对独立的系统。如图所示：

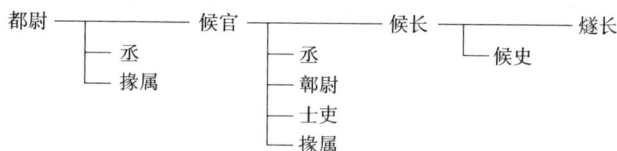

```
都尉 ——————— 候官 ——————— 候长 ——————— 燧长
  ├ 丞          ├ 丞          └ 候史
  └ 掾属        ├ 部尉
               ├ 土吏
               └ 掾属
```

根据对甲渠候官的研究，该候官通常有吏卒 400 人左右[1]。如果按此规模推测，敦煌郡北部防线玉门、中部、宜禾三都尉所属 11 个候官，全部兵力当在 45000 人左右。所有的戍卒来自全国各地。按照汉朝的兵役制度，戍卒一年一更，官员三年一更。当然，中央任命的高级官吏如太守、都尉不在此例。

如此，就是靠帝国军队对边境的常川驻守，才保证了丝路交通的安全和稳定。

① 李均明《汉代甲渠候官规模考》，《文史》第 34 辑、第 35 辑。

五、祁连山水系对交通体系的支撑

河西走廊属于典型的内陆地区。古往今来，横亘于走廊南部的祁连山一直是河西地区的生命之源。今天，覆盖河西全境的石羊河、黑河、疏勒河三大水系和56条支流全部导源于此。近几十年来，平均年径流量70多亿立方米。

石羊河，两汉称"谷水"。《汉书·地理志》在武威郡下记载："姑臧，南山，谷水所出，北至武威（汉武威治，今民勤连城遗址，北纬38°55′55.70″，东经103°14′37.42″）入海，行七百九十里。""休屠泽在东北，古文以为猪野泽。"①

黑河，汉时称弱水，上游有羌谷水、呼蚕水、千金渠等。《汉书·地理志》张掖郡条下云："觻得，千金渠西至乐涫入泽中。羌谷水出羌中，东北至居延入海，过郡二，行二千一百里。""删丹，桑钦以为道弱水自此，西至酒泉合黎。""居延，居延泽在东北，古文以为流沙。"并在酒泉郡条下记载："禄福，呼蚕水（即今日之北大河）出南羌中，东北至会水入羌谷。"②

疏勒河，汉称籍端水，党河，汉称氏置水。《汉书·地

---

① 班固《汉书》卷二十八《地理志》，第1612页。
② 班固《汉书》卷二十八《地理志》，第1613页。

理志》敦煌郡条下记载："冥安，南籍端水出南羌中，西北入其泽，溉民田。""氐置水出南羌中，东北入泽，溉民田。"①

两汉时期，祁连山分布着大量原始森林，而且古冰川冰碛地貌广泛分布于北坡 2700—2800 米以上地区。而现代冰川下限，北坡为 4100—4300 米，南坡 4300—4500 米。说明两汉时期河西走廊三大水系的水量要比现在丰沛得多。

除地表水以外，河西走廊还分布着大量井泉湖海。

正是这些地上地下的水源，孕育了河西走廊的一片片绿洲，保证了当地人民的生产生活，为丝路交通的畅通提供了源源不竭的水源。

汉帝国政府为保障祁连山水系的永续使用，一方面十分重视对生态环境的保护，另一方面进行了合理的开发利用。

（一）采取严厉措施保护生态

汉简中有严禁官民滥伐树木的法令。

建武四年五月辛巳朔戊子，甲渠塞尉放行候事，敢言之，诏书曰：吏民毋得伐树木，有无？四时言。·谨案：部吏毋伐树木者，敢言之。掾谭（EPF22:48）

建武六年七月戊戌朔乙卯，甲渠鄣候庠敢言之，府书

---

① 班固《汉书》卷二十八《地理志》，第 1614 页。

曰：吏民毋得伐树木。有无？四时言。·谨案：部吏毋伐树木。掾谭、令史嘉。（EPF22:53）

以上两简，第一简是地方官员传达皇帝的诏书，严禁吏民滥伐树木，并要求春夏秋冬四季每季度将执行情况上报一次。后一部分是按诏书的要求上报的内容，明言无犯禁者。第二简内容相类，不同的是发文官员传达的是都尉府的命令。说明，从中央朝廷到地方政府严格实施了保护树木等保护生态环境的法令。

还有一个重要例证就是在悬泉置遗址发现的写在墙壁上的皇太后关于保护生态环境的诏书。该文件按农时的变化，提出了一年十二个月中每月必须保护的生物物种和严加禁止的事项。包括了保护动植物资源的若干规定，还有禁伐树木、毋焚山林、保护水泽陂池、修筑堤防、通达沟漕、不准猎获野生动物等明文规定。

所有这些措施，让祁连山水系确保了丝路交通的通畅。

（二）重视水利建设，发展农业，为丝路交通提供物质支撑

汉帝国在河西的水利建设几乎与帝国对河西的经营同时开展。《汉书·匈奴传》："汉度河自朔方以西至令居，往往通渠置田，官吏卒五六万人。"[1]"自是之后，用事

▍ ① 班固《汉书》卷九十四《匈奴传》，第 3770 页。

者争言水利。朔方、西河、河西、酒泉皆引河及川谷以溉田。"①

文献和汉简中有相当数量戍卒穿井挖渠治沟的记载，引数例：

汉遣破羌将军辛武贤将兵万五千人至敦煌，遣使者案行表，穿卑鞮侯井以西，欲通渠转谷，积居庐仓以讨之。②

甘露二年四月庚申朔丁丑，乐官令充敢言之，诏书以骑马助传马，送破羌将军、穿渠校尉、使者冯夫人。军吏远者至敦煌郡，军吏晨夜行，吏御逐马前后不相及，马罢，亟或道弃，逐索未得，谨遣骑士张世等以物定逐各如牒。唯府告部、县官、旁郡，有得此马者，以与世等，敢言之。（Ⅴ 92DXT1311 ④∶82）

穿渠校尉丞惠光私从者杜山羊西。（Ⅴ 92DXT1312 ④∶21）

以上三条材料中"卑鞮侯井"也称"都护井"，地在今敦煌广武燧以西的榆树泉盆地，是丝路交通中从敦煌到楼兰这一最艰险的路段中一处重要的水源供应地。过了都护井，再经三陇沙、白龙堆，继续西行，就到了楼兰。简文中的"穿渠校尉"就是专门负责敦煌以西这段路上穿渠挖井以

① 班固《汉书》卷二十九《沟洫志》，第1684页。
② 班固《汉书》卷九十六《西域传》，第3907页。

保障过往人员水源供应的。可以看出丝路交通中水源的重要和汉帝国对此事的重视。

　　民自穿渠第二左泾第二右内渠水门广六尺袤十二里上广丈。（Ⅱ 90DXT0213③：4）

　　续穿第一渠东端袤二里百步，上广丈三尺二寸至三丈二尺八寸，深二尺七寸至八尺。（Ⅴ 92DXT1312③：17）

　　八月己丑朔庚寅，县泉置啬夫弘移渊泉府，调穿渠卒廿一人。（Ⅰ 90DXT0116②：117）

　　初元三年正月，戍卒省助贫民穿渠冥安名簿。（Ⅴ 92DXT1410③：50）

以上四条材料是关于老百姓修治渠道或者调戍卒帮助贫民修渠的记录，主要用之于农业灌溉。

　　总之，上述材料说明，祁连山丰富的出山水源和汉帝国政府的有效治理，为丝路交通的长盛不衰提供了水利支撑。

　　附注：此稿原是 2014 年 1 月 6 日应申遗有关组织指派而提交的最后一批申遗材料。当时正值元旦假日，余尚在病中，正在打针吃药。承蒙省文物局领导交代丝路申遗任务并有申遗专家的点名错爱，义不容辞。几天加班加点，于 1 月 6 日凌晨发出。半年之后的 6 月 4 日，接到有关方面回信："在您诚挚而直接、有效的支持下，丝路补充材料于年初顺利提交世界遗产中心，并在本月发布的 ICOMOS 评估报告中认为'对天山廊道的特性以及所表现出来的丝路关键属性进行了清晰描述'，促成 ICOMOS 的推荐意见由'延期补充'改判为'推荐列入'！目前世界遗产大会召开在即，大家共同努力的丝路申遗工作成果即将揭晓。特此感谢您对丝绸之路项目的全力支持！"一纸鼓励，深感欣慰。

2014 年 6 月 21 日 12 时，世界第 38 届世界文化遗产大会正在卡塔尔首都多哈举行，我国申遗代表团正在会上等待审议结果。从昨晚到今天，手机微信不断传来多哈会议的情景。余一边改稿，一边等待，心情与脉搏同多哈会场共起落。再应省局领导之命，对前稿作修改补充，以供关心丝路申遗的人士讨论批评。

交稿以后，又等了将近 28 个小时，终于在 2014 年 6 月 22 日 15:50（多哈时间 10:50），丝绸之路申遗项目得到各国评委的一致通过。八年的艰苦努力，终于赢得了主持者手里那个锤子的扬起和落下。思绪万千，不能自已，赋诗一首，聊表此时的心情并祝丝路申遗成功：

八年漫漫申遗路，

今日多哈举贺觞。

博望千年犹注目，

驼铃日夜唱悠扬。

轻纱西去贵妇美，

天马东来御辇骧。

又见胡旋今日舞，

西风古道再痴狂。

笔者于丝绸之路整体申遗成功时补识。

原载《甘肃社会科学》2015 年第 2 期

凤凰枝文丛